어린이 일대일 제자양육

KB188961

어린이 일대일 제자양육

초판 1쇄 | 2017. 2. 13
5쇄 발행 | 2019. 6. 20
지은이 | 두란노 편집부
감수자 | 김도일
그린이 | 송지수
등록번호 | 제 1988-000080호
등록된 곳 | 서울특별시 용산구 서빙고로65길 38
발행처 | 사단법인 두란노서원
영업부 | 2078 • 3352 Fax.080 • 749 • 3705
출판부 | 2078 • 3331

＊책값은 뒤표지에 있습니다.
ISBN 978-89-531-2741-8 03230

＊독자의 의견을 기다립니다.
tpress@duranno.com   www.duranno.com

＊이 책의 성경본문은 개역개정 성경을 사용하였습니다.

"말씀 암송"(2-12과) 찬양 동영상 보기

유튜브(Youtube)에서 '어린이 일대일 제자양육'을 검색하세요.

두란노서원은 바울 사도가 3차 전도 여행 때 에베소에서 성령 받은 제자들을 따로 세워 하나님의 말씀으로 양육하던 장소입니다. 사도행전 19장 8 • 20절의 정신에 따라 첫째 목회자를 돕는 사역과 평신도를 훈련시키는 사역, 둘째 세계 선교(TIM)와 문서선교(단행본 • 잡지)사역, 셋째 예수문화 및 경배와 찬양 사역, 그리고 가정 • 상담 사역 등을 감당하고 있습니다. 1980년 12월 22일에 창립된 두란노서원은 주님 오실 때까지 이 사역들을 계속할 것입니다.

어린이
일대일 제자양육

두란노 편집부 지음

두란노

추천의 글

한 사람이 예수님의 제자로 바로 설 때 주님의 나라가 이 땅에 세워지고, 교회가 부흥하리라 믿습니다. 예수님은 제자 된 우리에게 제자를 낳는 사명을 주셨습니다. 우리가 제자를 낳아야 비로소 제자라고 불릴 수 있을 것입니다.

〈일대일 제자양육〉 교재는 "한 영혼을 주님의 제자"로 만들어 온 탁월한 교재입니다. 30여 년간 수많은 간증으로 은혜를 끼쳐 왔으며, 지금도 온 세계 곳곳에서 사용되고 있는 귀한 제자양육 도구입니다. 그동안 성인 위주의 수평 양육이 주를 이루었는데, 이제는 차세대의 중요성에 초점을 맞추어 부모가 자녀를, 교사가 학생을 가르치는 수직 양육이 필요합니다.

차세대 양육의 부재는 다름 아닌 이 시대의 위기입니다. 차세대를 위해 우리가 할 일은 무엇일까요? 차세대에 복음을 전하고, 그들을 주님의 제자로 양육하는 일입니다. 차세대가 복음을 듣고 주님의 제자로 거듭나야만 교회가 살아나고, 하나님 나라가 세대와 세대 가운데 임할 것입니다.

자녀의 믿음은 가정에서부터 성장합니다. 이제 시대는 교회와 가정이 유기적으로 협력하여 자녀를 제자화할 것을 요청하고 있습니다. 성경적 제자양육으로 돌아가야 함을 요구하고 있습니다. 가정과 교회가 유기적으로 협력하여 자녀를 양육하는 것은 성경적일 뿐 아니라 대안 없는 유일한 양육법입니다. 교회는 양질의 교재와 양육의 노하우를 제공하고, 부모가 자녀를 그리스도의 제자로 양육할 때 부모와 자녀가 함께 변화되고, 가정이 회복되며, 교회가 더욱 든든히 서 가는 놀라운 은혜를 경험하게 될 것입니다.

《어린이 일대일 제자양육》은 시대의 요구에 부응하는 차세대 제자양육 교재임을 확신합니다. 이 교재가 교회 부흥의 귀한 밑거름이 되고 이 시대에 꼭 필요한 차세대 복음 전도와 제자양육의 도구로 쓰임 받기를 원합니다.

이재훈

온누리교회 담임 목사

감수자의 글

〈일대일 제자양육〉 교재는 지난 30년간 수많은 이들에게 사용되었고 끊임없는 교정과 보완 과정을 거쳐 지금도 활발히 사용되고 있는 최장수 제자양육 교재입니다. 이를 통하여 많은 이들이 예수 그리스도의 제자가 되어 가는 기쁨을 맛보았고, 눈물과 고통의 강을 넘었으며, 결국 헌신의 깊은 곳으로 들어가게 되었습니다.

이번에 아이들을 위한 일대일 양육 교재가 세상에 나오게 된 것은 참으로 기쁘고 축하할 일입니다. 하나님 나라는 어른들만의 나라가 아니고 우리 자녀들의 나라이기도 합니다. 어릴 때 예수님의 제자가 되어 거룩한 성경적 가치관을 가지고 평생을 살아 내며 하나님의 뜻을 이루어 가는 것은 너무도 중요합니다.

우리의 주님이신 예수님도 어릴 때부터 양육 과정 가운데서 성장하셨습니다. 혹자는 생각하기를 '예수님은 하나님이기에 어떤 교육이나 양육을 받지도 않으셨고, 회당과 마을에서 또래들과 놀지도 않으셨고, 공식적인 공부는 하지 않으셨을 것'이라는 근거 없는 단정을 합니다. 하지만 예수님도 당시 다른 어린이나 청소년들과 마찬가지로 사람의 교육, 부모의 양육, 환경의 영향 등을 받으며 교육 생태계 (Educational Ecosystem) 안에 계셨던 것을 기억해야 합니다.

쉐릴(L. Sherrill)에 의하면 예수님의 어린 시절에는 초등학교에 해당하는 기관이 일반화되어 있지 않아서 예수님이 다니실 만한 거리에 학교가 있었는지는 분명치 않으나, 청소년을 위한 유대인 학교들은 이미 일반화되었던 것으로 보이기에 예수님은 청소년 시기에 정식 교육을 받으셨으리라는 암시가 있습니다.

예수님은 구약의 여러 책 외에도 히브리 문학을 알고 계셨고 서기관과 바리새인들과 종교적인 논쟁을 할 때 일상 언어였던 아람어가 아니라 랍비들이 쓰던 히브리어로 했다는 점을 간과하지 말아야 합니다. 이 말은 예수님이 어린 시절에 마을에서 공부는 전혀 하지 않고 마냥 뛰어놀며 아버지의 목수 일을 어쩌다가 도와준 비형식적인 삶을 영위한 것이 아니라 가정에서 철저한 신앙 교육을 받고 랍비 학교에서도 공부한 것으로 보인다는 맨슨(T. Manson)의 글을 인용한 쉐릴이 증언하고 있습니다.

이러한 아이디어가 결코 과녁을 벗어나지 않았다는 것을 확인해 주는 성경 구절이 바로 누가복음 2장 52절입니다. "예수는 지혜와 키가 자라가며 하나님과 사람에게 더욱 사랑스러워 가시더라." 주님은 정신과 인성의 성장, 육신적 성장, 영적 성장, 사회적이며 관계적인 성장의 과정을 철저하게 통과하신 분으로, 이런 과정을 생략하고 바로 어른이 되신 것이 아니라는 점에 우리는 주목해야 합니다. 주님은 인간의 생사고락을 다 체휼하신 분입니다. 아이가 공부하는 것이 힘들다는 것과 청소년이 질풍노도 시절에 고민한다는 것도 아시며 우리처럼 치열한 삶의 현

장에서 땀 흘리며 사신 완전한 사람이었습니다. 동시에 예수님은 영원 전부터 성부 하나님과 같이 계셨던 완전한 하나님이십니다.

우리 주님께서 가정, 회당, 마을이라는 교육 생태계에서 성장하신 것처럼 우리 자녀들도 역시 이런 세 가지 유사한 환경(가정, 교회, 마을) 속에서 성장합니다. 이 생태계가 서로 신앙적으로 또 유기적으로 연결되어 있어 건강한 영향을 끼칠 수 있다면 아무런 문제가 없겠으나 실제로는 많은 문제가 있다는 것을 우리는 잘 알고 있습니다. 그러나 그렇다고 하여 교회 밖의 세상은 암흑의 나라이며 구원의 방주인 교회 안으로 들어와야만 한다는 이분법적인 논리를 갖고 바라봐서는 안 될 것입니다. 이 세상은 문제가 많고 변화되어야 하지만 그렇다고 아예 무시해 버려서도 안 된다는 것입니다. 죄 많은 이 세상도 여전히 우리가 하나님 나라가 임하기를 간절히 바라야 할 곳이며 육신을 입고 사는 동안 우리의 집입니다.

아이를 양육할 때 교회가 무엇인가에 대한 올바른 이해는 매우 중요합니다. 교회는 건물이 아니라 예수님을 주로 믿는 하나님의 백성이 모인 무리입니다. 그러기에 하나님의 백성이 가정, 교회, 마을 속에서 건강한 신앙인으로서 믿지 않는 이들에게 하나님의 사랑을 갖고 함께 살아가며 거룩한 영향력, 선한 영향력을 미치며 살아가야 합니다. 그러므로 예수님의 제자는 교회 안에서의 삶에만 초점을 맞추어 양육받는 것이 아니라 세상 속에서 어떻게 예수님의 제자로서, 또 세상 속 시민으로서 선한 영향력을 끼치며 살아갈 것인지를 궁리하며 최선을 다하여 살아야 할 것입니다. 이것을 대개 시민직(職)이라고 부릅니다. 한마디로 제자직과 시민직의 균형과 조화를 이루는 것이 중요합니다.

이런 관점에서 올바른 세계관과 신학을 갖고 하나님의 말씀에 근거한 제자양육을 하는 것이 매우 중요합니다. 이 교재가 아이들만 변화시키는 데 그치지 않고 함께하는 부모나 선배들의 삶도 통전적으로 변화시키는 데 일조하기를 바랍니다. 실제 많은 어른이 아이들을 지도하다가 자신들이 오히려 은혜를 체험하곤 합니다. 하나님이 이 교재를 통하여 각 사람이 변화되어 가정을 살리고 교회를 번성케 하며 마을 속에 하나님 나라를 이루어 갈 수 있기를 간절히 바라며 감수자의 글을 대신합니다.

김도일

장로회신학대학교 기독교교육학 교수

그리고 예수는 지혜와 키가

점점 더 자라 가며

하나님과 사람들로부터

사랑을 받았습니다

(눅 2:52, 우리말성경)

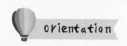
orientation

오늘부터 나는
너만을 위한 선생님이야

일대일 제자양육을 본격적으로 시작하기 전에 서로의 생각과 일대일 제자양육에
대한 기대를 나눕니다.

✦ 어릴 때 가장 즐거운 때는 언제였나요?

....

....

✦ 가장 친한 친구가 누구인가요? 그 친구의 어떤 점이 좋은가요?

....

....

✦ 요즘 가장 큰 고민거리가 무엇인가요?

....

....

❋ 커서 어떤 사람이 되고 싶은가요?

....

....

❋ 일대일 제자양육을 시작하게 된 계기가 무엇인가요?

....

....

❋ 12주 과정을 끝내고 나면 어떻게 달라져 있을 것 같아요?

....

....

❋ 양육을 시작하면서 하나님께 특별히 드리고 싶은 말씀이 있나요?

....

....

우리 약속해요

나 _____는(은) 예수님의 멋진 제자로서
어린이 일대일 제자양육에 다음과 같이 성실히 임할 것을 약속합니다.

1. 양육 시간에 빠지지 않을게요.

2. 매일매일 기도할게요.

3. 암송 구절을 잘 외울게요.

4. 집에서나 학교에서나 예수님의 제자답게 살게요.

5. 기회가 생길 때마다 복음을 전할게요.

6. 일대일 양육을 마치면 소감문을 쓸게요.

날짜   년   월   일

이름 _____

✦ 개요

어린이 일대일 제자양육의 목표는 아이를 인도자 개인의 제자로 만드는 것이 아니라 예수님의 제자, 예수님 안에서 완전한 자로 세우는 것입니다(골 1:28). 그러기 위해서는 인도자 자신이 예수님을 닮는 생활을 해야 합니다(고전 11:1).

우리가 삶에서 승리하고 성령 충만한 삶을 사는 비결은 예수 그리스도 중심의 삶을 사는 것입니다. 예수님이 우리의 삶을 다스린다는 것은 예수님께 순종하고 우리 삶의 모든 권리를 예수님께 드리는 것을 의미합니다.

예수님이 친히 우리의 삶을 인도하실 때부터 우리의 삶에 놀라운 변화가 일어나게 될 것입니다. 예수님을 의지하고 신뢰하는 것이 모든 그리스도인의 참된 소망입니다. 위 그림은 예수님이 다스리는 삶을 설명하는 그림입니다.

- **중심 되신 예수님** – 갈라디아서 2:20, 요한복음 15:5
- **구원의 확신** – 요한일서 5:13
- **하나님의 성품** – 역대상 29:11
- **성경과 큐티** – 디모데후서 3:16~17
- **기도** – 빌립보서 4:6~7
- **교제** – 로마서 12:4~5
- **전도** – 로마서 1:16
- **성령 충만한 생활** – 갈라디아서 5:22~23
- **시험을 이기는 생활** – 고린도전서 10:13
- **순종하고 사역하는 생활** – 누가복음 9:23

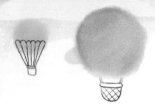

첫 번째 만남

예수님은 어떤 분이실까요?

 오늘의 주제 : 예수님이 어떤 분이신지 성경 안에서 만나봅니다.

✦ 함께 이야기를 나눠요

내가 알고 있는 예수님은 어떤 분인가요? 인간과 다른 존재일까요? 아니면 우리와 같은 사람이셨을까요? 생각을 솔직하게 적어 볼래요?

사람마다 예수님에 대한 생각이 다를 수 있어요. 그렇기 때문에 예수님이 어떤 분인지를 알기 위해서는 성경을 들여다볼 필요가 있어요.
우리가 새 친구를 만나 이야기를 나눌수록 그 친구가 무엇을 잘하고, 무엇을 좋아하는지, 또 어떤 생각을 하고 어떤 성격을 가졌는지를 알게 되는 것처럼 예수님과 친해질수록 예수님에 대해 많은 것을 알게 될 거에요.
그전에 먼저 예수님께 나를 소개해 볼까요?

예수님! 내 이름은 ....이에요.

사진 붙이기

나는 .... 을(를) 좋아하고,

.... 을(를) 싫어해요.

나는 .... 이(가) 제일 무서워요.

나는 .... 할 때 기분 좋고,

.... 할 때 화나요.

나는 커서 .... 한 사람이 되고 싶어요.

내가 세상에서 제일 사랑하는 건 ....

예요.

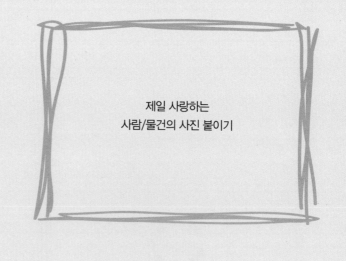

제일 사랑하는
사람/물건의 사진 붙이기

예수님은 어떤 분이실까요?

◆ 예수님은 사람이셨어요

1) 예수님은 어디에서 태어나셨나요? 마태복음 2:1에서 찾아볼까요?

....

마태복음 2:1

헤롯 왕 때에 예수께서 유대 베들레헴에서 나시매 동방으로부터 박사들
이 예루살렘에 이르러 말하되

2) 예수님은 아기로 태어나셨어요

누가복음 2:11~12

오늘 다윗의 동네에 너희를 위하여 구주가 나셨으니 곧 그리스도 주시
니라 너희가 가서 강보에 싸여 구유에 뉘어있는 아기를 보리니 이것이
너희에게 표적이니라 하더니

 아이에게 **들려주는** 이야기

옛날 유대 땅, 베들레헴 작은 마을에 갓 태어난 아기의 울음소리가 울려 퍼졌
어. 밤이 깊고 고요할 때, 몇 명의 사람들이 밝은 별빛을 따라 아기가 태어난 곳
에 오게 되었어. 그들은 동방에서 별을 보고 찾아온 박사들이었어.

"하나님이 약속하신 아기가 이 땅에 오셨네. 하나님께 영광을 돌리세."

나시매 태어나셨으니
예루살렘에 이르러 예루
살렘에 도착하여

그리스도 그리스어로 기
름부음을 받은 자, 히브리
어로 메시아
구유 가축에게 사료나 물
을 주는 그릇
표적 겉으로 나타난 흔적

"이 아기가 하나님이 보내신 유대인의 왕이란 말인가? 정말 아름다운 아기로군."

동방박사들은 정성스럽게 준비해 온 황금과 유향과 몰약을 구유에 누인 아기 앞에 놓으며 절했단다.

들판에서 양을 치던 목자들도 밝은 빛을 보고 따라와 아기 예수님을 보고 경배를 드렸어. 그 아기가 바로 우리를 구원하러 오신 예수님이야.

3) 예수님의 어린 시절은 어떠했나요? 누가복음 2:52에서 찾아볼까요?

....

....

누가복음 2:52

예수는 지혜와 키가 자라가며 하나님과 사람에게 더욱 사랑스러워 가시더라

4) 예수님도 사람이셨기 때문에 우리와 같은 걸 느끼셨어요. 그게 무엇인지 마태복음 4:2과 요한복음 4:6에서 각각 찾아볼까요?

....

주리다 제대로 먹지 못하여 배가 고프다

마태복음 4:2

사십 일을 밤낮으로 금식하신 후에 주리신지라

요한복음 4:6

거기 또 야곱의 우물이 있더라 예수께서 길 가시다가 피곤하여 우물 곁에 그대로 앉으시니 때가 여섯 시쯤 되었더라

아이에게 들려주는 이야기

예수님보다 먼저 온 선지자인 세례요한이 유대 광야에서 큰 소리로 외쳤어.

"회개하라! 천국이 가까이 왔느니라!"

그의 말을 들은 많은 사람이 회개하고 세례를 받았단다.

예수님도 세례요한에게 세례를 받으려고 하셨어. 그랬더니 세례요한이 깜짝 놀라서 말했어.

"안 돼요, 예수님. 제가 예수님께 세례를 받아야 할 텐데, 저한테 세례를 받으시겠다니요."

하지만 예수님은 "내가 세례를 받는 것이 하나님의 뜻을 이루는 것이다"라고 말씀하면서 세례요한으로부터 세례를 받으셨어. 그때, 놀라운 일이 일어났단다. 예수님이 세례를 받고 물에서 나올 때 하나님의 성령이 비둘기같이 예수님의 머리 위에 임하며 소리가 들린 거야.

"예수는 내 사랑하는 아들이요 내 기뻐하는 자다."

세례를 받은 예수님은 성령에 이끌려 마귀에게 시험을 받으러 광야로 가셨단다. 그곳에서 40일 동안이나 밥도 먹지 않고 기도하셨어. 얼마나 배가 고프셨을까? 예수님도 우리랑 똑같으셨어. 고통도 느끼고 기쁨도 느끼셨단다. 그래

서 마귀가 제일 먼저 먹는 것으로 예수님을 유혹했는지도 몰라.

"네가 만약 하나님의 아들이면, 여기 있는 돌들로 떡을 만들어 봐."

하지만 예수님은 유혹을 물리치고 담대하게 말씀하셨어.

"사탄아! 사람은 떡으로만 살지 않고, 하나님의 입에서 나오는 모든 말씀으로 산다!"

◆ 예수님은 우리 인간과 같은 점과 다른 점이 각각 있어요

예수님이 우리 인간과 같은 점이 무엇인가요? 히브리서 4:15에서 찾아볼까요?

....

예수님이 우리 인간과 다른 점은 무엇인가요? 히브리서 4:15에서 찾아볼까요?

....

동정하다 남의 어려움을 가엾게 여기다. 남의 어려움을 보고 도와주다

히브리서 4:15

우리에게 있는 대제사장은 우리의 연약함을 동정하지 못하실 이가 아니요 모든 일에 우리와 똑같이 시험을 받으신 이로되 죄는 없으시니라

☺ 아이에게 들려주는 이야기

예수님도 우리처럼 목마르거나 배고플 때가 있으셨고, 많이 걸으면 피곤해하기도 하셨어. 그런데 우리와 다른 점이 있으셨어. 우리는 모두 죄를 짓지만, 예수님은 죄를 지은 적이 없으셔. 우리는 죄인으로 태어났지만, 예수님은 죄가 없이 태어나셨어. 이것이 바로 우리와 예수님이 다른 점이야.

◆ **예수님은 하나님이세요**

1) 예수님은 자신이 하나님과 하나라고 말씀하셨어요

요한복음 10:30

나와 아버지는 하나이니라 하신대

Think

예수님과 하나님이 하나라는 것이 무슨 뜻일까요? 다음 <아이에게 들려주는 이야기>를 읽고 생각해 보아요.

🙂 아이에게 **들려주는** 이야기

예수님이 말씀을 전하실 때마다 많은 사람이 예수님을 따랐고, 아픈 사람들을 살리는 기적을 행하시자 예수님을 시기하고 미워하는 사람들이 생겼어.

"예수가 정말 하나님의 아들이래."

"뭐라고? 예수는 귀신 들린 게 틀림없어. 어쩌자고 저런 사람의 말을 듣는 거야?"

"아니야. 귀신이 어떻게 눈먼 사람의 눈을 뜨게 하니?"

사람들이 수군거렸어.

어느 날 예수님이 성전 안에 있는 솔로몬의 행각에 가셨어. 그때 많은 사람이 예수님을 둘러싸고 질문했단다.

"당신이 진짜 하나님의 아들이오? 그리스도가 맞소?"

예수님이 말씀하셨어.

"너희는 내가 하나님의 아들이라고 말하는 것을 믿지 않는구나. 내가 아버지의 이름으로 행하는 일들이 그것을 증명하는데도 너희는 믿지 않는구나.”

그러면서 다시 한 번 말씀하셨어.

“나와 내 아버지는 하나다.”

그 말씀을 들은 유대 사람들이 화가 나서 예수님을 돌로 치려고 했단다. 그들이 화가 나서 예수님을 돌로 치려 한 이유는 “나와 내 아버지는 하나다”라고 말씀하셨기 때문이야. 이 말은 곧 “내가 바로 하나님이다”라는 뜻이거든. 당시 유대에는 사람이 자기 자신을 가리켜 하나님이라고 말하면 신성모독죄로 그 사람을 돌로 쳐서 죽이는 관습이 있었어.

2) 사람들이 예수님을 하나님의 아들이라고 말했어요

마태복음 27:54

백부장과 및 함께 예수를 지키던 자들이 지진과 그 일어난 일들을 보고 심히 두려워하여 이르되 이는 진실로 하나님의 아들이었도다 하더라

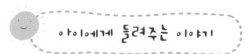

아이에게 들려주는 이야기

예수님은 이곳저곳을 다니며 복음을 전하고, 아픈 사람들을 고쳐 주고, 사랑을 전해 주셨어. 그러나 예수님을 시기하고 미워하던 이스라엘의 대제사장들과 바리새인들은 예수님을 죽일 궁리만 했어. 결국 말도 안 되는 죄를 뒤집어씌워 빌라도 총독 앞에 가서 재판을 받으시게 했단다.

빌라도 총독은 예수님께 죄가 없는 것을 알고 놓아주고 싶어 했어. 그런데 많은 사람이 몰려와 소리쳤어.

"예수를 십자가에 못 박으시오! 예수를 십자가에 매달아 처형하시오!"

결국 예수님은 골고다 언덕에서 십자가에 매달리게 되셨어. 예수님 말고도 두 명의 강도들이 십자가에 매달렸어. 예수님의 어머니 마리아와 예수님을 따르던 사람들이 슬퍼하며 울었단다. 하지만 사람들은 예수님을 조롱하고 비웃었어.

"네가 유대인의 왕이라고? 하나님의 아들이라고? 그렇다면 스스로 십자가에서 내려와 봐."

오후 3시쯤 되자 예수님이 숨을 거두셨어. 바로 그때 성전 안의 성소 휘장이 위로부터 아래까지 찢어져 둘이 되고, 지진이 난 것처럼 땅이 흔들리고 바위가 터졌어. "우르릉~쾅~!!" 많은 사람이 무서워서 어쩔 줄을 몰라 했단다. 골고다 언덕에서 예수님을 지키고 있던 군인들이 심히 두려워하며 말했어.

"이분은 참으로 하나님의 아들이셨다!"

Think

그동안 예수님에 대해 잘못 알고 있었던 것이 있다면 무엇인가요? 새롭게 알게 된 예수님에 관해서 이야기하거나 써 볼까요?

......

......

......

......

활동 : 나도 이제 예수님을 알아요(예수님 나무 꾸미기)

준비물 : 색종이, 펜 혹은 색연필, 풀, 가위

활동 방법 :

· 색종이를 열매 모양으로 여러 장 오립니다.

· 오늘의 이야기를 되새기며 예수님에 관한 핵심 단어를 생각해 봅니다.

· 예수님에 관한 핵심 단어를 열매 모양 색종이에 씁니다.

· 오른쪽 나무 그림 위에 핵심 단어를 쓴 열매 모양 색종이를 붙여서 나무를 꾸미고, <예수님의 나무>라고 이름 붙입니다.

☐☐☐☐☐☐ 의 ☐☐☐☐

두 번째 만남
예수님은 어떤 일을 하셨을까요?

 오늘의 주제 : 예수님이 어떤 일들을 하셨는지 알아봅니다.

함께 이야기를 나눠요

지난주에 새롭게 알게 된 예수님에 대해 얼마나 많이 생각하며 지냈나요?
솔직하게 이야기하거나 써 볼까요?

예수님이 아기로 태어나 이 땅에서 사시는 동안 어떤 일들을 하셨을까요?
생각나는 대로 적어 볼까요?

예수님은 어떤 일을 하셨을까요?

◆ 마태복음 4:23에는 예수님이 어떤 일을 하셨다고 쓰여 있나요?

_____ , _____ ,

마태복음 4:23   **회당** 유대교의 예배 장소

예수께서 온 갈릴리에 두루 다니사 그들의 회당에서 가르치시며 천국
복음을 전파하시며 백성 중의 모든 병과 모든 약한 것을 고치시니

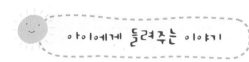

"회개하라! 천국이 가까이 왔느니라!"

예수님이 사람들에게 복음을 전하셨어. 많은 사람이 복음을 들으려고 예수님께 몰려왔단다.

예수님이 갈릴리 해변에 다니다가 바다에 그물을 던지던 어부 형제, 베드로와 안드레에게 말씀하셨어.

"나를 따라오너라. 내가 너희를 사람 낚는 어부가 되게 하겠다."

그들은 곧바로 예수님을 따라가 제자가 되었어. 아버지와 함께 배에서 그물을 손질하고 있던 야고보와 요한도 예수님의 초청을 받고 바로 예수님을 따라갔어.

예수님은 제자들과 함께 갈릴리 온 마을을 다니며 회당에서 사람들을 가르치셨어.

"아, 예수님! 이 말씀이 그런 뜻이었군요. 정말 꿀송이보다도 더 달아요."

또 예수님은 하나님을 기쁘시게 하는 삶에 대해서도 알려 주셨어.

"마음이 가난한 자는 복이 있다. 하늘나라가 그들의 것이다."

마태복음 5장부터 7장까지 읽어 보면 예수님이 사람들에게 어떤 말씀을 전하셨는지 자세히 알 수 있단다.

아픈 사람들도 예수님을 찾아왔어.

"아이고, 예수님, 제가 죽을병에 걸렸어요. 제발 낫게 해 주세요."

"예수님, 제 아이가 귀신에 들렸어요. 제정신이 돌아오게 해 주세요."

사람들이 울면서 간절히 도움을 청했어.

때때로 제자들이 말했단다.

"이보시오. 예수님은 지금 바쁘니 나중에 오시오."

하지만 예수님은 어느 한 사람도 그냥 보내지 않으셨어. 그들에게 손을 얹고 기도해 주기도 하고, "아이를 괴롭히는 귀신아! 떠나갈지어다!" 하고 명령하기도 하셨어.

예수님을 만난 사람들은 모두 행복한 마음으로 집에 돌아갔단다.

◆ 아름답고도 위대한 생애를 보낸 예수님은 마지막에 어떻게 돌아가셨나요? 마가복음 15:15에서 찾아볼까요?

. . . .

. . . .

마가복음 15:15

빌라도가 무리에게 만족을 주고자 하여 바라바는 놓아 주고 예수는 채찍질하고 십자가에 못 박히게 넘겨 주니라

◆ 예수님의 죽음에는 커다란 의미가 담겨 있었어요. 어떤 의미인지 로마서 5:8을 읽고 적어 볼까요?

. . . .

. . . .

로마서 5:8

우리가 아직 죄인 되었을 때에 그리스도께서 우리를 위하여 죽으심으로 하나님께서 우리에 대한 자기의 사랑을 확증하셨느니라

확증 확실히 증명함

때때로 사람들은 하나님을 잊어버리고 자기 마음대로 살곤 했어. 우상을 섬기기도 하고 말이야.

"하나님이 어디 있어? 눈에도 안 보이잖아. 내 마음대로 살 거야."

"가뭄이 들어 걱정이야. 이러다가 다 굶어 죽고 말겠어. 차라리 금송아지를 만들어 거기다 절을 하자. 농사가 잘될지 어떻게 알아?"

하나님은 매우 슬퍼하며 선지자들을 통해 회개하라고 계속해서 알려 주셨어.

"하나님, 잘못했어요. 용서해 주세요. 다시는 죄를 짓지 않을게요."

하지만 사람들은 그때만 뉘우칠 뿐, 또 똑같은 죄를 지으며 살았단다.

'내가 사랑하는 인간들이 이렇게 끝없이 죄를 반복하다니…. 죄를 자꾸 지으면 나를 만나기가 더 힘들어질 텐데…. 내가 주는 복을 다 받아 누리지도 못할 텐데….'

하나님은 맨 처음부터 우리를 죄에서 구원할 큰 계획을 가지고 계셨어. 그것은 바로 예수님을 보내어 모든 인간의 죄 문제를 해결하고, 죄에서 구원하시는 것이었어.

하나님의 계획대로 예수님을 우리에게 보내 주셨어. 아무런 죄가 없으신 예수님이 우리들의 모든 죄를 대신 짊어지고, 십자가에 못 박히셨어. 사람이 죄에서 구원받고, 하나님과 다시 화목할 수 있는 길은 오직 하나, 예수님을 믿는 것이란다.

Think

예수님은 왜 십자가에서 돌아가셨을까요? 자신의 생각을 나누어 볼까요?

◆ 성경은 예수님이 십자가에서 죽으신 이유가 우리 죄 때문이라고 해요

1) 죄가 무엇이라고 생각하나요? 예를 들어서 설명해도 괜찮아요

. . . .

2) 죄는 하나님을 거스르는 거에요

거스르다 남의 말, 가르침, 명령 같은 것을 따르지 않고 다르게 행동하다

죄는 창조주 하나님의 말씀에 따르지 않고, 자기가 하고 싶은 대로 행동해서 하나님을 거스르는 것을 말해요. 하나님의 말씀을 따르지 않는 것이 죄의 뿌리에요. 죄가 어떻게 시작되었는지 더 알고 싶다면 창세기 3장을 읽어 보아요.

> 창세기 3:6
> 여자가 그 나무를 본즉 먹음직도 하고 보암직도 하고 지혜롭게 할 만큼 탐스럽기도 한 나무인지라 여자가 그 열매를 따먹고 자기와 함께 있는 남편에게도 주매 그도 먹은지라

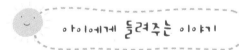
아이에게 들려주는 이야기

아름다운 에덴동산에서 하와가 행복한 시간을 보내고 있었어. 그런데 뱀이 하와에게 말을 걸었어.

"하와야, 안녕? 궁금한 게 있는데 말이야. 하나님이 에덴동산에 있는 모든 과일을 다 먹으면 안 된다고 하셨어?"

하와가 뱀한테 대답했어.

"아니야, 에덴동산에 있는 과일들은 다 먹어도 되는데, 딱 한 가지! 선악과만 먹지 말라고 하셨어."

뱀이 또 말했어.

"이상하다. 정말 예쁘고 맛있게 생겼던데. 왜 먹지 말라고 하신 거지?"

"응, 그건 말이야. 선악과를 만지기만 해도 우리가 죽을 거라고 하셨어."

뱀이 하와에게 귓속말했어.

"하와야, 이건 비밀인데 말이야. 너희가 선악과를 먹으면 하나님같이 될까 봐 못 먹게 하시는 거야."

뱀의 말을 들은 하와는 귀가 솔깃해졌어.

"정말 그럴까? 그러고 보니 선악과가 오늘따라 더 맛있게 보이는걸?"

뱀이 하와를 부추기기 시작했어.

"먹어 봐. 빨리 따서 먹어 봐."

하와는 하나님이 생각나서 망설였지만, 선악과를 보니까 자꾸만 입에 침이 고였어.

'어떡하지? 어떻게 하지?'

하와의 손은 이미 가장 먹음직스러워 보이는 선악과에 가 있었어. 열매를 따서 한 입 베어 무는 순간, 감탄이 흘러나왔어!

'우와, 정말 맛있어! 아담한테도 따다 줘야지.'

선악과를 하나 더 따서 아담에게도 주었어.

"아담, 이거 한번 먹어 보세요. 정말 달고 맛있어요."

"그래? 하와가 나를 생각해서 따다 준 거니 맛있게 먹을게."

아담도 한 입 베어 무는 순간, "오, 정말 맛있다" 하고 감탄했지.

"그런데 기분이 이상해. 이거 뭐야? 혹시 하나님이 절대로 먹으면 안 된다고 하신 그거?"

하와가 쭈뼛거리며 말했어.

"응, 그거."

"아니, 뭐라고? 도대체 왜 그런 거야? 하나님이 다 알게 되실 텐데…. 하와, 왜 옷을 하나도 입지 않은 거야?"

"아담, 당신도 벌거벗고 있잖아요."

아담과 하와는 자기들이 벗은 것을 부끄럽게 생각했어. 그래서 무화과나무 잎으로 옷을 만들어 입었지. 그러고 나서 하나님이 보실까 봐 동산 나무 사이에 숨었단다.

아담과 하와는 하나님과 한 약속을 어기고 죄를 지었어. 교만한 마음으로 하나님의 말씀을 무시했기 때문이야. 그날 에덴동산에서 벌어졌던 이야기는 우리가 사는 세상에 죄가 어떻게 들어오게 됐는지 알려 주는 아주 슬픈 사건이란다.

3) 죄는 우리를 타락하게 만들어요

로마서 1:28~29

또한 그들이 마음에 하나님 두기를 싫어하매 하나님께서 그들을 그 상실한 마음대로 내버려두사 합당하지 못한 일을 하게 하셨으니 곧 모든 불의 추악 탐욕 악의가 가득한 자요 시기 살인 분쟁 사기 악독이 가득한 자요 수군수군하는 자요

타락 올바른 길에서 벗어나 나쁘고 잘못된 길로 빠지는 일

합당하다 어떤 기준이나 도리에 맞다

분쟁 말썽을 일으켜서 시끄럽고 복잡하게 다툼

수군수군하다 남이 알아듣지 못하도록 낮은 소리로 자꾸 이야기하다

아이에게 **들려주는** 이야기

지호라는 아이가 있어. 지호는 5학년 5반 반장이야. 공부도 잘하고 운동도 잘해서 어른들에게 칭찬을 받는 아이야. 지호는 공부를 못하는 아이를 하찮게 생각했어. 그래서 그런 아이들이 말을 걸면 무시해 버리곤 했어. "지호야, 같이 축

구 할래?" 하고 물으면, "쳇, 너희끼리 놀아. 수준 떨어지는 애들하고는 안 놀아" 하고 거만하게 대답했지. 아이들도 그런 지호가 미워지기 시작했어.

"지호, 쟤, 반장이라고 너무 거만 떠는 거 아냐?"

"그러게, 저렇게 잘난 척하는 애를 어른들은 왜 예뻐하는 거야?"

"지호랑 같이 놀지 말자. 단톡방(단체카톡방)에서도 왕따 시켜 버리자."

같은 반에 하나님을 믿는 누리가 있었어. 누리는 지호가 잘난 척하는 게 얄밉기는 하지만, 왕따 시키자는 아이들의 말은 왠지 마음에 걸렸단다. 그렇지만 자기도 왕따를 당할까 봐 무서워서 단톡방에서는 지호에게 한 번도 말을 안 걸었어. 지호가 질문을 해도 답도 안 하고 말이야.

지호와 누리의 이야기를 들으니 어떤 생각이 드니? 이 이야기를 왜 하는지 궁금하지? 이야기 속에 나오는 모든 것이 다 죄이기 때문이야. 지호는 교만하고, 다른 아이들은 마음에 시기와 질투와 미움이 가득하구나. 누리는 하나님을 믿는다고 하면서도 "네 이웃을 네 몸과 같이 사랑하라"는 예수님의 말씀을 잊어버리고 순종하지 않았어.

4) 죄의 결과가 무엇일까요? 로마서 5:12을 읽어 보고 적어 보아요

· ·

말미암아 어떤 현상이나 사물 따위가 원인이나 이유가 되어

로마서 5:12

그러므로 한 사람으로 말미암아 죄가 세상에 들어오고 죄로 말미암아 사망이 들어왔나니 이와 같이 모든 사람이 죄를 지었으므로 <u>사망이 모든 사람에게 이르렀느니라</u>

하나님이 아담을 부르셨어.

"아담아, 네가 어디 있느냐?"

아담은 더 이상 숨지 못하고 하나님께 대답했어.

"하나님, 저 여기 있어요. 제가 벌거벗고 있어서 숨어 있었어요."

하나님이 말씀하셨어.

"누가 너에게 벌거벗었다고 알려 주더냐? 내가 먹지 말라고 명령한 선악과를 먹었느냐?"

아담이 하와를 쳐다보며 말했지.

"이 여자가 제게 먹으라고 주었어요."

하와는 뱀이 꾀어 먹었다고 변명했어.

하나님은 뱀에게 저주를 내리고, 하와에게는 아이를 낳는 고통을 주셨단다. 그리고 아담은 평생토록 일해야 먹고살 수 있다고 말씀하셨어. 그러고 나서 그들을 에덴동산에서 쫓아내셨지.

그 후에 아담과 하와가 가인과 아벨 형제를 낳았어. 가인은 자라서 농부가 되었고, 아벨은 양치기가 되었어. 두 형제가 하나님께 제사를 드렸어. 그런데 하나님이 아벨의 제물만 받으시는 것을 보고 형 가인이 아벨을 질투해서 죽이고 말았단다. 결국 첫 사람 아담의 죄가 가인과 그의 후손에게 이어져 내려가게 되었어.

이 말은 모든 사람이 죄를 짓게 되었다는 뜻이야. 세상에 죄가 없는 사람은 아무도 없어. 아빠, 엄마, 할머니, 할아버지도 다 죄를 지었어. 아담의 죄로 말미암아 모든 사람이 죽게 되었어. 죄의 결과는 죽음이란다.

5) 예수님은 십자가에서 피 흘려 죽으심으로써 죄를 용서하셨어요

은혜의 풍성함 하나님께
서 자신의 백성들에게 아
무런 대가 없이 베푸는
사랑이 넉넉하고 많음
속량 '속죄'와 비슷한 말.
저지른 잘못을 물건이나
다른 일로 바꾸어 없앰.
기독교에서는 예수님이
십자가에 못 박힘으로써
인간의 죄를 없애고 구원
한 일
죄 사함 죄를 용서함

에베소서 1:7

우리는 그리스도 안에서 그의 은혜의 풍성함을 따라 그의 피로 말미암
아 속량 곧 죄 사함을 받았느니라

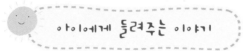

아이에게 **들려주는** 이야기

죄인은 자기 죗값을 치르지 않으면 용서받을 수가 없어. 예수님이 십자가에서
피 흘림으로써 우리 죗값을 대신 치러 주셨기 때문에 우리가 하나님께 용서받
을 수 있는 거야. 그 외에는 다른 방법이 없단다.
우리가 믿음으로 구원받을 수 있는 것은, 예수님이 십자가에 달려 돌아가심으
로써 우리 죄를 완전히 씻어 주신 덕분이란다. 우리가 잘 믿고 착하게 살아서
가 아니라 말이야.

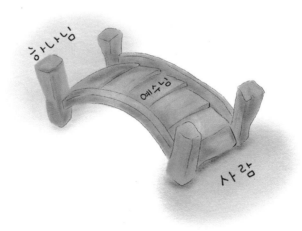

활동 : 죄를 잘라 내요

준비물 : 색종이 또는 색지, 양면테이프 또는 풀, 철사, 가위

활동 방법 :

· 색종이나 색지를 10X20cm 정도 크기로 잘라 일곱 장을 짧은 쪽으로 길게 이어 붙입니다.

· 색종이를 돌돌 말아 줍니다.

· 철사를 돌돌 말린 가운데로 통과시켜 옷걸이 모양을 만듭니다.

· 매일 하나씩 펴 가며 하루 중 내가 지은 잘못한 일(죄)을 적어 봅니다.

· 일주일 뒤에 죄를 하나씩 확인하며 잘라 내어 마음속에서도 죄를 버리기로 다짐합니다.

내가 그리스도와 함께

십자가에 못 박혔나니

그런즉 이제는 내가 사는 것이 아니요

오직 내 안에 그리스도께서

사시는 것이라

이제 내가 육체 가운데 사는 것은

나를 사랑하사

나를 위하여 자기 자신을 버리신

하나님의 아들을 믿는

믿음 안에서 사는 것이라

(갈라디아서 2:20)

큐알(QR)코드로 음원 동영상에 접속한 뒤
악보를 보며 노래로 말씀을 암송해요.

2

예수님 2 (갈라디아서 2장 20절)

내가 그리스도와 함께

윤 원 효

내가 그리스도-와 - 함 께 - 십자 가에-못-박혔나 - 니 - 그런

즉 이제는- 내가 사는것이아니 요   오 직 내-안에- 그리

스도께서- 사 시는 것 이 라- -   이제 내 가 육체- 가운데

사는것은 -   나 를 사랑 하 사 -   나를 위하여- 자기자 신 을

버 리 신 -   하 나 님 의 - 아 들 을 -   믿 는

믿 음 안- 에서- -   사 는 것 이 라 -

3 세 번째 만남

예수님은 지금 어떤 일을 하고 계실까요?

 오늘의 주제 : 내 삶의 주인이 예수님이심을 고백합니다.

✦ 2과의 암송 구절을 외워 보세요

✦ 함께 이야기를 나눠요

새롭게 알게 된 예수님의 여러 모습 중에 어떤 모습이 가장 마음에 남았나
요? 한 주 동안 예수님이 나를 사랑하신다고 느낀 적이 있나요?

학교에서, 집에서, 교회에서, 친구를 만날 때, 게임을 할 때, 예수님은 어떤
일을 하고 계실까요? 생각을 적어 보아요.

예수님은 지금 어떤 일을 하고 계실까요?

◆ 예수님은 자신이 죽은 후에 어떤 일이 일어날 것인지 말씀하셨어요. 마
태복음 16:21에서 찾아볼까요?

장로들 유대교의 지도자들

대제사장들 예배를 담당했던 제사장들 중 제일 높은 직위의 사람들

서기관들 율법을 연구하여 가르치는 학자들

비로소 그 전까지 이루어지지 않았던 일이나 사건이 이루어지거나 변화하기 시작함을 나타내는 말

마태복음 16:21

이때로부터 예수 그리스도께서 자기가 예루살렘에 올라가 장로들과 대제사장들과 서기관들에게 많은 고난을 받고 죽임을 당하고 제삼일에 살아나야 할 것을 제자들에게 비로소 나타내시니

아이에게 들려주는 이야기

예수님이 십자가에 달려 돌아가신 후, 아리마대 사람 요셉이 예수님의 시체를 달라 하여 세마포로 싸서 바위 속에 판 무덤에 넣고 돌을 굴려 무덤 문을 막아 놓았단다.

3일 후, 막달라 마리아와 여인들이 예수님의 무덤을 찾아갔다가 깜짝 놀랐어. 왜냐하면, 천사들이 놀라운 이야기를 들려주었거든. 예수님이 살아나셨다는 거야. 여인들이 매우 기뻐하며 예수님의 제자들에게 이 소식을 전하기 위해 달렸단다. 그때 길에서 부활하신 예수님을 만났어. 예수님은 제자들에게 갈릴리에서 만나자는 말을 전해 달라고 하셨지. 제자들은 여인들의 말을 듣고 갈릴리에서 예수님을 기다렸단다. 부활하신 예수님을 만난 제자들이 기뻐하며 말했어. "예수님이 말씀하신 대로 부활하셨다!"

◆ 부활 후에 예수님은 어디로 가셨나요? 사도행전 1:9에는 어떻게 쓰여 있나요?

· ·

· ·

사도행전 1:9

이 말씀을 마치시고 그들이 보는데 올려져 가시니 구름이 그를 가리어 보이지 않게 하더라

◆ 예수님이 보혜사 성령님을 보내셨어요

요한복음 15:26~27

내가 아버지께로부터 너희에게 보낼 보혜사 곧 아버지께로부터 나오시는 진리의 성령이 오실 때에 그가 나를 증언하실 것이요 너희도 처음부터 나와 함께 있었으므로 증언하느니라

보혜사 영어로 Counselor, 조력자. 위로자. 상담자를 뜻함. 성령을 지칭하는 말로 쓰임

증언 어떤 사실을 말로써 증명함

보혜사란 우리를 위로해 주시고, 친구처럼 우리 고민을 들어주고 상담해 주시는 성령님을 가리키는 말이에요. 또 보혜사 성령님은 우리가 잘못하고 있는 것들을 책망하시고, 우리를 진리 가운데로 인도해주실 분이랍니다.

◆ 예수님이 성령님을 보내신 이유가 무엇인가요? 요한복음 16:1에서 찾아볼까요?

요한복음 16:1

내가 이것을 너희에게 이름은 너희로 실족하지 않게 하려 함이니

실족하다 행동을 잘못하다. 발을 헛디디다

제자들은 예수님이 자기들과 함께 계시는 게 정말 좋았어. 예수님이 들려주시는 하늘나라 이야기도 재미있고, 예수님이 함께하신다는 것만으로도 정말 든든했거든.

그런데 어느 날 예수님이 제자들에게 뜻밖의 말씀을 하시는 거야.

"얘들아! 나는 이제 곧 너희를 떠나 나를 이 땅에 보내신 하나님께로 돌아간단다. 너희들은 땅끝까지 가서 복음을 전하는 멋진 제자가 되어라."

제자들은 너무 슬펐어.

"예수님, 안 돼요. 우리랑 함께 살아요."

"예수님, 가지 마세요."

제자들이 간절히 부탁했지만, 예수님이 말씀하셨어.

"내가 떠나가는 것이 너희한테는 오히려 좋은 거란다. 내가 가지 않고 여기 머물러 있으면 보혜사 성령님이 너희에게 오시지 않을 거야. 그러나 내가 떠나가면 성령님이 오셔서 너희를 도와주실 거야."

예수님은 부활하신 뒤 제자들과 40일을 함께 보낸 후 하늘로 올라가셨어. 제자들이 바라보는 가운데 예수님이 자욱한 구름 속으로 사라지셨어.

제자들이 함께 모여 예수님이 약속하신 성령님이 오시기를 간절히 바라며 기도했단다. 그때, 하늘로부터 급하고 강한 바람 같은 소리가 나더니 사람들 머리 위로 불길이 내려오는 것처럼 보였어. 기도하는 사람들에게 성령님이 찾아오신 거야. 제자들은 성령으로 충만해져서 알지 못하는 다른 나라 말로 방언 기도를 하기 시작했단다.

예수님을 믿는 사람은 고백해요

◆ 예수님을 믿는다는 게 뭘까요? 구체적으로 어떤 행동을 하는 것인지 생각을 적어 볼까요?

....

....

구체적으로 어떤 행동을 해야 하는지 로마서 10:9~10에서 찾아보아요

....

....

로마서 10:9~10

네가 만일 네 입으로 예수를 주로 시인하며 또 하나님께서 그를 죽은 자 가운데서 살리신 것을 네 마음에 믿으면 구원을 받으리라 사람이 마음으로 믿어 의에 이르고 입으로 시인하여 구원에 이르느니라

시인하다 어떤 내용이나 사실이 옳다고 인정하다

구체적으로 어떤 행동을 해야 하는지 요한복음 1:12에서도 찾아볼까요?

....

요한복음 1:12

영접하는 자 곧 그 이름을 믿는 자들에게는 하나님의 자녀가 되는 권세를 주셨으니

영접하다 환영하며 대접하다
하나님의 자녀가 되는 권세 하나님의 자녀가 되는 권리와 자격

예수님을 믿는다는 것은 구체적으로 어떤 행동을 해야 하는 것인지 사도행전 2:38에서도 찾아볼까요?

. . . .

죄 사함 죄 용서함
성령의 선물 성령을 선물로 받으리니로도 해석됨 예수그리스도의 영을 선물로 주심

사도행전 2:38

베드로가 이르되 너희가 회개하여 각각 예수 그리스도의 이름으로 세례를 받고 죄 사함을 받으라 그리하면 성령의 선물을 받으리니

◆ 내가 예수님을 믿으면 내 주변도 변화돼요. 어떤 변화가 일어날까요?

1) 가정에서 어떤 변화가 일어나는지 사도행전 16:31에서 찾아볼까요?

. . . .

. . . .

사도행전 16:31

이르되 주 예수를 믿으라 그리하면 너와 네 집이 구원을 받으리라 하고

2) 우리 주변에서 어떤 변화가 일어나는지 요한일서 4:11에서 찾아볼까요?

. . . .

. . . .

요한일서 4:11

사랑하는 자들아 하나님이 이같이 우리를 사랑하셨은즉 우리도 서로 사랑하는 것이 마땅하도다

3) 사회에서 어떤 변화가 일어나는지 마태복음 5:13~14에서 찾아볼까요?

. . . .

. . . .

마태복음 5:13~14

너희는 세상의 소금이니 소금이 만일 그 맛을 잃으면 무엇으로 짜게 하
리요 후에는 아무 쓸 데 없어 다만 밖에 버려져 사람에게 밟힐 뿐이니라
너희는 세상의 빛이라 산 위에 있는 동네가 숨겨지지 못할 것이요

아이에게 **들려주는** 이야기

학교에서 반 대항 축구 시합을 했어. 5학년 5반의 골키퍼인 누리가 마음속으
로 간절히 기도했지.

"하나님, 우리 반이 꼭 이기게 해 주세요. 제가 골을 잘 막을 수 있도록 도와주
세요."

하지만 지고 말았단다. 열심히 했는데, 시합에 지니까 누리는 기분이 몹시 언짢
았어.

'쳇, 하나님께 그렇게 간절히 기도했는데….'

그러다가 왜 졌을까 하고 생각해 봤어.

'맞아, 우리 반 아이들은 서로 미워하고, 누군가를 왕따 시키기도 하잖아. 그러
니까 마음이 모이지 않지. 그러니 어떻게 이기겠어.'

누리는 갑자기 부끄러워졌어.

'나도 시합에서 이기게 해 달라고만 기도했구나. 예수님, 용서해 주세요. 예수

님은 나를 죄에서 구원하려고 십자가를 지셨는데…. 나는 구원받은 자녀답지 않게 굴었어요. 그동안 지호를 왕따 시켰던 것을 용서해 주세요.'

누리가 용기를 내서 아이들에게 말했어.

"얘들아! 이번 시합에서 우리 반이 진 것은 우리가 서로 미워하고 친구를 왕따 시킨 탓인 것 같아. 나는 이제 왕따를 시키지 않을 거야. 우리 반 모두 사이좋게 지내면 좋겠어."

처음엔 아이들이 "누리, 저 녀석 뭐야. 치사하게…" 하며 웅성거렸지만, 누리의 말에 동감하는 아이들이 하나둘 늘어 갔어.

"그래, 나도 잘못한 것 같아. 나도 이제 왕따 시키지 않을 거야."

결국 아이들이 모두 반성하게 되었어. 그리고 다들 사이좋은 친구가 되었단다.

그러고 나서 어떤 일이 일어났는지 아니? 반장인 지호가 누리의 용기에 반해 누리를 따라 교회에 가기로 한 거야. 누리는 자기가 예수님을 믿고 구원받은 하나님의 자녀라는 게 정말 감사했어. 그리고 지호가 예수님을 만나서 하나님의 자녀가 되기를 간절히 기도했단다.

◆ 예수님을 나의 주님으로 고백해요

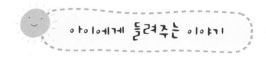
아이에게 들려주는 이야기

누리를 따라서 교회에 간 지호는 처음으로 목사님의 설교를 듣게 되었단다.

"어린이 여러분, 예수님을 믿는 여러분은 이제 주님의 자녀예요. 예수님이 십자가에 달려 우리 죄를 용서해 주셨기 때문에 우리는 더 이상 죄의 노예가 아니에요. 우리는 주님의 자녀가 되었어요. 우리는 이제 죄로 인한 아픔과 그 결과로 주어진 죽음에 머무르지 않고, 예수님 안에서 영원한 천국 소망을 가지고 살아갈 수 있게 되었어요.”

지호는 목사님의 말씀을 다 알아들을 수는 없었지만, 감사하는 마음이 생겼어.

'예수님이 나를 구원하려고 십자가에 달려 돌아가셨다고? 내가 하나님의 자녀가 되었단 말이지?'

예배가 끝나고 집으로 돌아가는 길에 지호가 누리에게 말했어.

“누리야, 나를 교회에 데리고 와 줘서 정말 고마워.”

누리는 지호가 예수님을 믿게 된 것이 참 기뻤어.

모든 사람은 반드시 해결해야 할 숙제가 있단다. 그것은 구원에 관한 것이야. 바다에 빠진 사람은 스스로 구조할 수 없고, 누군가가 건져 주어야 살 수 있잖아. 그처럼 예수님은 죄로 죽을 수밖에 없는 우리를 구원하기 위해 이 땅에 오셨어. 누구든지 예수님을 믿기만 하면 구원받을 수 있게 해 주셨단다.

★ 지금까지 예수님에 관해 배운 것을 복습해 볼까요?

- 예수 그리스도는 참 사람이자 또한 참 하나님이세요.
- 예수 그리스도는 이 세상에서 완전한 삶을 사셨으며, 세상 죄 때문에 십자가에서 돌아가셨어요.
- 예수 그리스도는 다시 살아나셔서 지금 이 세상을 다스리고 계세요.
- 예수 그리스도를 믿을 때 내가 변하고 이 세상이 변해요.

pray

예수 그리스도를 믿기 원하나요? 예수님을 믿고 싶다면 아래 기도를 따라 해 볼래요?

"예수님, 예수님을 나의 하나님으로 믿어요.
마음 문을 열고 예수님을 맞이합니다.
날 사랑하신 예수님이 날 위해 십자가에서 죽으시고 부활하신 것을 믿어요.
앞으로 내 맘대로 살지 않겠어요.
예수님이 내 삶의 주인이에요.
날마다 예수님의 말씀을 듣고 순종할게요.
예수님, 내 안에 오셔서 감사합니다.
성령님, 늘 나와 함께해 주세요.
예수님의 이름으로 기도합니다. 아멘.

활동 : 예수님을 항상 생각해요

준비물 : 색종이, 펜 혹은 색연필, 가위, 끈, 테이프

활동 방법 :

· 색종이를 삼각형 모양으로 여러 장 오립니다.

· 오늘의 이야기를 되돌아보며 핵심 단어를 5~6개 정도 생각해 봅니다.

· 핵심 단어를 삼각형 모양 색종이에 씁니다. 그리고 각 단어를 사용하여 짧은 글짓기를 합니다.

· 핵심 단어를 쓴 색종이를 끝에 연결하여 가렌드를 만들어 잘 보이는 곳에 붙여 둡니다.

· 가렌드를 보며 늘 예수님을 생각합니다.

3과 말씀 암송

나는 포도나무요 너희는 가지라

그가 내 안에 내가 그 안에 거하면

사람이 열매를 많이 맺나니

나를 떠나서는

너희가 아무 것도 할 수 없음이라

(요한복음 15:5)

큐알(QR)코드로 음원 동영상에 접속한 뒤
악보를 보며 노래로 말씀을 암송해요.

예수님 3 (요한복음 15장 5절)

나는 포도나무요

김혜문

네 번째 만남
구원의 확신

☀ 오늘의 주제 : 구원의 확신을 고백하며, 천국에 대한 소망을 갖고, 구원의 감격 속에서 살아갑니다.

✳ 3과의 암송 구절을 외워 보세요

✳ 함께 이야기를 나눠요

지난주에 새롭게 알게 된 예수님 덕분에 달라진 부분이 있나요?

┌───┐
│   │
│   │
│   │
│   │
│   │
└───┘

'구원'이 무엇이라고 생각하나요? '구원' 하면 생각나는 게 무엇인가요?

┌───┐
│   │
│   │
│   │
│   │
└───┘

예수님을 믿나요?

◆ "구원을 받는다"는 건 무슨 뜻일까요? 그리고 구원받은 것을 어떻게 알 수 있을까요?

다음을 읽고 솔직하게 대답해 볼까요?

(1) 예수님이 나의 죄를 위해서 이 땅에 오신 것을 믿어요.　　　예　아니오　모르겠음
　　베드로전서 2:24

(2) 예수님이 내 안에 계심을 믿어요.　　　예　아니오　모르겠음
　　요한계시록 3:20

(3) 예수님의 보혈로 내 죄를 용서받았다고 믿어요.　　　예　아니오　모르겠음

　　로마서 8:1

(4) 하나님의 자녀가 된 것을 믿어요.　　　　　　　　　예　아니오　모르겠음

　　요한복음 1:12

(5) 영원한 생명(영생)을 얻었음을 믿어요.　　　　　　예　아니오　모르겠음

　　요한일서 5:11~13

(6) 구원받은 것을 믿어요.　　　　　　　　　　　　　예　아니오　모르겠음

　　에베소서 2:8

(7) 만약에 오늘 밤 죽어도 천국에 들어갈 수 있음을 믿어요.　예　아니오　모르겠음

　　누가복음 23:42~43

(8) 멸망의 심판을 받지 않을 것을 믿어요.　　　　　　예　아니오　모르겠음

　　요한복음 3:18

여덟 개 모두 "예"라고 표시했나요? 그러면 구원받은 게 틀림없어요. 혹시
모두 "예"라고 표시하지 않았더라도 실망할 필요는 없어요. 일대일 제자양육
을 통해 예수님을 확실히 만나면 되니까요.

　　요한일서 5:13

　　내가 하나님의 아들의 이름을 믿는 너희에게 이것을 쓰는 것은 너희로
　　하여금 너희에게 영생이 있음을 알게 하려 함이라

아이에게 들려주는 이야기

요한일서는 예수님의 제자 요한이 썼어. 그런데 왜 썼는지 아니? 요한은 예수
님을 믿음으로써 영원한 생명을 얻게 된다는 것을 사람들에게 알려 주고 싶었
던 거야. 구원을 받았다는 건 그리스도인이 되었다는 거야. 믿음으로 예수 그

리스도를 영접해서 예수님이 주시는 참사랑과 죄 용서를 받은 사람이 바로 그 리스도인이란다.

영접 손님을 맞아서 대접하는 일

praise

우리는 하나님의 자녀에요. 믿음과 구원은 하나님의 자녀가 받는 선물이랍니다. 예수님의 은혜로 구원을 선물 받았으니 예수님께 감사와 기쁨의 찬양을 드려요.

◆ 우리는 구원을 받았지만 여전히 죄를 짓곤 해요. 어떻게 해야 할지 요한일서 1:9에서 찾아 볼까요?

....

....

요한일서 1:9
만일 우리가 우리 죄를 자백하면 그는 미쁘시고 의로우사 우리 죄를 사하시며 우리를 모든 불의에서 깨끗하게 하실 것이요

자백 자기의 죄를 하나님께 숨김없이 털어놓음
미쁘시고 믿음성이 있고, 믿음직스럽고
불의 하나님이 원하시는 기준에서 벗어나거나 하나님을 대적하는 모든 행위

아이에게 **들려주는** 이야기

예수님이 십자가에 달려 죽으시고 부활하심으로써 죄 문제를 해결해 주셨어. 덕분에 우리가 구원을 받았지. 하지만 구원받은 사람이라도 또 죄를 지을 수가 있단다. 우리 안에 죄가 남긴 찌꺼기(영향력)가 여전히 우리를 힘들게 하지. 누리 이야기를 들어볼까?

누리는 컴퓨터게임을 좋아해. 하루에 한 시간만 하기로 엄마와 약속했어. 하루는 엄마가 마트에 가면서 누리에게 말씀하셨어.

"누리야! 숙제부터 다 해 놓고 나서 컴퓨터는 꼭 한 시간만 해라. 알겠지?"

누리가 대답했어.

"당연하죠. 엄마, 약속 꼭 지킬게요."

누리는 엄마가 현관 밖으로 나가시자마자 후다닥 컴퓨터를 켜고 게임을 시작했어. 어찌나 재미있던지 시간이 가는 줄도 몰랐단다. 한참 하다가 시계를 보니 2시간이 훌쩍 지나 있었어.

'큰일 났다. 엄마랑 약속했는데….'

누리가 얼른 컴퓨터를 끄고 숙제를 하기 시작하자 엄마가 돌아오셨어.

"누리야, 숙제는 다 했니?"

누리는 엄마에게 사실대로 말할까 하다가 야단맞을 생각을 하니 겁이 덜컥 났어. 입에서 이미 다른 말이 튀어나와 버렸지.

"어~ 엄마, 오늘 숙제가 너무 어려워서 여태 하고 있어요."

엄마가 기특해하며 말씀하셨어.

"우리 누리가 힘들었겠구나. 숙제를 마치면 오늘은 특별히 컴퓨터게임을 30분 더 할 수 있게 해 줄게. 좋지?"

다른 때라면 기쁘고 신났을 텐데, 오늘은 그럴 수가 없었어.

"네, 고마워요. 엄마" 하고 기어들어 가는 소리로 대답했단다.

숙제를 마치고 나서 컴퓨터게임을 하는데 하나도 즐겁지 않았어. 머릿속에서 두 가지 생각이 왔다 갔다 했어.

'한 시간 반을 더 하면 오늘은 3시간 반이나 게임을 하는 거네. 이참에 레벨을 많이 올릴 수 있겠어. 어차피 엄마는 모르시잖아. 아니야. 그래도 나는 예수님을 믿는 그리스도인인데 거짓말하는 건 옳지 않아.'

누리가 결심하고 엄마에게 말했어.

"엄마, 사실은 내가 거짓말했어요. 엄마가 마트에 가자마자 게임부터 했어요. 두 시간도 넘게 했는데, 엄마한테 안 했다고 거짓말했어요."

누리는 이제 죽었구나 하고 생각했어.

"누리야! 고개 들어 봐."

엄마가 말씀하셨어.

"누리야, 솔직하게 말하고 용서를 구하다니 기쁘구나. 사실은 엄마도 알고 있었어."

"네? 알고 계셨어요?"

누리는 부끄러워 고개를 들 수가 없었어.

"누리야! 잘못했더라도 정직하게 말하고 용서를 구하는 게 중요해. 네가 용기를 내서 말했으니 엄마가 용서해 줄게. 컴퓨터게임을 마저 하렴."

누리는 날아갈 것처럼 마음이 가벼워졌어. 괴로운 마음에서 벗어나 신나고 즐겁게 게임을 할 수 있었어. 물론, 엄마랑 약속한 시간만큼만 하고 끝냈단다.

pray

혹시 아무도 모를 거로 생각하고 지은 죄가 있나요? 용기를 내어 예수님 앞에 고백하고 용서해 달라고 기도해요.

◆ 구원받은 우리에게 하나님이 성령의 선물을 주겠다고 약속하셨어요

사도행전 2:38
베드로가 이르되 너희가 회개하여 각각 예수 그리스도의 이름으로 세례를 받고 죄 사함을 받으라 그리하면 성령의 선물로 받으리니

회개하다 하나님으로부터 떠나 있던 사람이 생각을 고쳐 되돌아오다

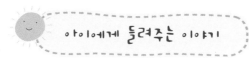

예수님이 승천하신 후에, 성령으로 충만해진 베드로가 많은 사람에게 복음을 전했단다. 누구든지 예수님을 믿으면 구원을 받는다고 전해 주었어.

우리도 예수님을 믿고 구원을 받았어. 그렇다면 우리가 구원을 받았다는 것을 어떻게 알 수 있을까? 우리에게는 구원받았다는 세 가지 증거가 있단다. 첫째는 하나님의 말씀이야(요한일서 5:9~13). 하나님의 말씀은 우리가 구원받았다고 증언해 준단다. 둘째는 우리 안에 계신 성령님이셔. 성령님은 우리 안에 계셔서 우리가 하나님의 자녀임을 증거하신단다(로마서 8:16). 그리고 셋째는 우리의 변화된 모습이야. 우리의 변화된 모습이 우리가 하나님의 자녀가 된 것을 증거한단다(요한일서 2:3~6).

Think

하나님을 믿는 우리는 어떤 모습일까요? 또 구원받은 증거가 있다면 생각해 보고 적어 볼까요?

활동 : 몸으로 말해요(나는 변화되었어요)

준비물 : 색연필, 도화지(6장)

활동 방법 :

· 죄, 예수님과의 만남, 죄의 해결, 기쁨, 변화, 전도 등 6개 낱말을 도화지
  한 장에 하나씩 씁니다.
· 도화지를 마구 섞은 후에 두 명이 3장씩 나누어 가진 뒤 가위바위보로
  순서를 정합니다.
· 자기 도화지에 쓰인 낱말을 보고, 말 대신에 몸짓이나 표정으로 설명하
  여 상대방이 알아맞히게 하는 게임입니다.

4과 말씀 암송

내가 하나님의 아들의 이름을

믿는 너희에게 이것을 쓰는 것은

너희로 하여금

너희에게 영생이 있음을

알게 하려 함이라

(요한일서 5:13)

큐알(QR)코드로 음원 동영상에 접속한 뒤
악보를 보며 노래로 말씀을 암송해요.

4

구원의 확신 (요한일서 5장 13절)

내가 하나님의 아들의 이름을

송다온

내가 하 나 님 의 아 들 의 이 름 을 믿 는 너 회 에 게 이 것 을

쓰 는 것 은 - 너 회 로 하 여 금 너 회 에 게 - 영

생 이 있 음 을 알 게 하 려 함 이 니 라 -

5 다섯 번째 만남
하나님의 성품

🌟 **오늘의 주제** : 하나님의 성품을 알고, 하나님의 성품을 닮아갑니다. 일상에서
하나님의 뜻을 발견하는 훈련을 합니다.

✴ 4과의 암송 구절을 외워 보세요

✴ 함께 이야기를 나눠요

지난주에 구원의 확신을 배운 뒤 달라진 부분이 있나요?

```
┌ ┄ ┄ ┄ ┄ ┄ ┄ ┄ ┄ ┄ ┄ ┄ ┄ ┄ ┄ ┐

│                                │

│                                │

└ ┄ ┄ ┄ ┄ ┄ ┄ ┄ ┄ ┄ ┄ ┄ ┄ ┄ ┄ ┘
```

나에게 하나님은 어떤 분인가요? '하나님' 하면 떠오르는 것을 66쪽 구름 모양 그림에 적어 볼까요?

```
┌ ┄ ┄ ┄ ┄ ┄ ┄ ┄ ┄ ┄ ┄ ┄ ┄ ┄ ┄ ┐

│                                │

│                                │

│                                │

└ ┄ ┄ ┄ ┄ ┄ ┄ ┄ ┄ ┄ ┄ ┄ ┄ ┄ ┄ ┘
```

성경에는 하나님이 어떤 분이라고 쓰여 있나요?

I. 하나님께만 있는 성품

◆ 하나님은 세상을 창조하고 다스리시는 분이에요

1) 하나님이 하늘과 땅을 창조하셨어요

창세기 1:1

태초에 하나님이 천지를 창조하시니라

태초 하늘과 땅이 생겨난 맨 처음

2) 하나님이 사람을 지으셨어요

창세기 1:27

하나님이 자기 형상 곧 하나님의 형상대로 사람을 창조하시되 남자와 여자를 창조하시고

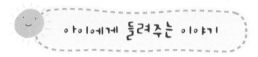

아빠(엄마)도 어렸을 때 궁금한 게 많았단다.

"나는 어떻게 태어났을까? 지구는 어떻게 생겨났을까? 지구 상에 존재하는 생명체들은 어떻게 생겨난 것일까?"

궁금증을 어디서 풀었는지 아니? 바로 창세기 1장에서였어. 거기에 다 기록되어 있단다.

태초에 하나님이 천지를 창조하셨어. 첫째 날에 빛을 만드셨고, 둘째 날에 하늘을 만드셨지. 셋째 날에는 육지와 식물, 그리고 바다를 만드셨어. 넷째 날에는 해와 달과 별을 만드셨고, 다섯째 날에는 하늘에 사는 동물(조류)과 바다에 사는 생물(어류)을 만드셨어. 여섯째 날에 육지에 사는 동물과 사람을 만드셨단다. 그리고 일곱째 날에 창조하신 모든 것에 복을 주고 안식하셨어.

3) 하나님은 세상의 모든 것을 다스리세요

역대상 29:11

여호와여 위대하심과 권능과 영광과 승리와 위엄이 다 주께 속하였사오니 천지에 있는 것이 다 주의 것이로소이다 여호와여 주권도 주께 속하였사오니 주는 높으사 만물의 머리이심이니이다

권능 권세와 능력
위엄 존경할 만한 위세가 있어 점잖고 엄숙함. 또는 그런 태도나 기세
주권 가장 주요한 권리
만물 우주에 존재하는 모든 것

요한복음 4장 24절에 보면, "하나님은 영"이시라고 기록되어 있어. 이 말은 하나님은 우리 눈에 보이지 않지만, 영광스럽고 거룩하신 분이라는 뜻이야. 세상을 창조하신 하나님은 눈에 보이지 않으시지만, 세상의 모든 것을 다스리고 계시단다.

영 하나님이 불어넣으신 육체에 깃든 보이지 않는 실체

Think

하나님이 세상의 모든 것을 다스리고 계시다는 사실을 생각할 때 우리는 어떤 자세로 살아야 할까요?

◆ 하나님은 영원하세요

시편 102:27

주는 한결같으시고 주의 연대는 무궁하리이다

야고보서 1:17

온갖 좋은 은사와 온전한 선물이 다 위로부터 빛들의 아버지께로부터 내려오나니 그는 변함도 없으시고 회전하는 그림자도 없으시니라

한결같다 처음부터 끝까지 변함없이 꼭 같다
연대 지나간 세대를 일정한 햇수로 나눈 것 지나온 시대
무궁하다 공간이나 시간 따위가 끝이 없다

하나님이 존재하지 않으시던 때는 결코 없어. 하나님은 시작도 끝도 없으신 분이야. 그리고 시간의 제약을 받지 않으신단다. 하나님은 항상 살아 계셔서 현재처럼 분명하게 우리의 과거와 미래를 보신단다.

전지전능하다 어떠한 사물이라도 잘 알고, 모든 일을 다 행할 수 있다
책망 잘못을 꾸짖거나 나무라며 못마땅하게 여김
무궁하다 공간이나 시간 따위가 끝이 없다

◆ 하나님은 전지전능하세요

요한일서 3:20
이는 우리 마음이 혹 우리를 책망할 일이 있어도 하나님은 우리 마음보다 크시고 모든 것을 아시기 때문이라

시편 147:5
우리 주는 위대하시며 능력이 많으시며 그의 지혜가 무궁하시도다

어느 날, 누리에게 비밀이 생겼어. 책상의 첫 번째 서랍에 작은 피규어 장난감을 넣어 두었어. 누리는 그 장난감을 아무에게도 보여 주지 않고, 혼자 있을 때만 방문을 걸어 잠그고 꺼내 봐. 이상하지? 더 이상한 건, 장난감을 서둘러 집어넣고 한숨을 쉬곤 한다는 거야.
누리가 학교에서 돌아오자 엄마가 부르셨어.
"누리야, 이리 좀 와 볼래?"

누리는 엄마가 피규어 장난감을 들고 계신 걸 보고 깜짝 놀랐어. "어, 엄마. 그게 왜 엄마한테 있어요? 이리 주세요" 하며 엄마 손에서 장난감을 뺏어 들었어. 뭔가 이상하다고 생각한 엄마가 말씀하셨어.

"누리야, 그 장난감 네 거니?"

"아, 아니에요. 친구가 빌려준 거예요."

엄마는 계속 물으셨어.

"친구? 누구?"

누리는 겁이 났어. 마음이 무거워진 누리는 결국 엄마에게 사실대로 말했어.

"엄마, 사실은 친구 집에 놀러 갔다가 그만 친구 몰래 가져오고 말았어요. 너무 갖고 싶었던 거였거든요. 조금만 가지고 있다가 돌려주려고 했는데, 부끄럽고 미안해서 돌려주지 못했어요."

엄마가 말씀하셨어.

"누리야, 그동안에 마음이 힘들었겠구나. 하나님이 너를 지켜보시고, 모든 걸 알고 계시다는 것을 알고 있을 테니 말이야."

누리가 고개를 숙이며 대답했어.

"네…."

"지금이라도 친구에게 돌려주고 사과하렴"

"네."

"하나님이 사랑하시는 누리가 더 죄짓지 않도록 엄마한테 알게 해 주신 것 같아. 그렇지 않으면, 너는 계속 마음이 불편했을 테고, 하나님께 가까이 나아갈 수도 없었겠지. 그렇지 않니? 하나님도 마음 아프실 거야."

다음 날, 누리는 하나님을 생각하며 용기를 내어 친구에게 장난감을 돌려주었어. 친구가 누리에게 말했단다.

"누리야, 용서할게. 그런데 너 대단하다! 나 같으면 끝까지 말 못 했을 것 같아. 넌 참 정직하구나."

누리가 하나님께 기도했어.

"하나님, 친구의 장난감을 몰래 가져온 뒤로 기도를 제대로 할 수가 없었어요. 그동안 저를 지켜보고, 제 잘못을 깨닫게 해 주셔서 감사해요. 앞으로 하나님이 기뻐하시지 않는 일은 하지 않을게요."

그 후로 누리는 다른 사람의 물건에 절대로 손대지 않는단다.

◆ 하나님은 어디에나 계세요

은밀하다 숨어 있어서 겉으로 드러나지 아니하다
천지 하늘과 땅을 아울러 이르는 말. 세상, 우주, 세계의 뜻과 비슷한 말
충만하다 한껏 차서 가득하다.

예레미야 23:24

여호와의 말씀이니라 사람이 내게 보이지 아니하려고 누가 자신을 은밀한 곳에 숨길 수 있겠느냐 여호와가 말하노라 나는 천지에 충만하지 아니하냐

Think

하나님이 어디에나 계시다는 사실은 나에게 어떤 도움을 줄까요?

II. 하나님과 사람 모두에게 있는 성품

◆ 하나님은 사랑이세요

로마서 5:8

우리가 아직 죄인 되었을 때에 그리스도께서 우리를 위하여 죽으심으로 하나님께서 우리에 대한 자기의 사랑을 확증하셨느니라

하나님의 사랑은 두려움을 내어 쫓는 온전한 사랑이야. 하나님의 사랑을 받는 사람은 두려워할 것도, 염려할 것도 없단다.

누리가 친구의 장난감을 몰래 가져온 것이 드러나게 하신 것은 하나님이 누리를 아주 많이 사랑하시기 때문이야. 하나님은 누리가 하나님이 주신 사랑과 은혜를 마음껏 누리기를 원하신단다. 그러나 사탄은 사람이 하나님의 사랑을 받는 게 너무 싫어서 우리가 죄를 짓게 만들어서 두려움, 걱정, 근심을 심어 줄 뿐이야.

하나님은 우리를 죄에서 구원하기 위해 독생자 예수님을 십자가에 달리게까지 하셨어. 우리는 하나님의 놀라운 사랑을 받는 믿음의 자녀란다.

◆ 하나님은 언제나 성실하세요

민수기 23:19
하나님은 사람이 아니시니 거짓말을 하지 않으시고 인생이 아니시니 후회가 없으시도다 어찌 그 말씀하신 바를 행하지 않으시며 하신 말씀을 실행하지 않으시랴

Think

하나님에게는 거짓이 없어요. 그런데 우리는 거짓말도 자주하고, 말해 놓고 지키지 않을 때도 많아요. 특히 어떤 부분에서 거짓말을 하고 성실하게 살지 못하는지 나누어 볼까요? 그리고 하나님의 자녀인 우리가 거짓 없이 진실하게 살려면 어떻게 해야 할까요?

◆ 하나님은 의로우신 분이에요

반석 넓고 평평한 돌. 사
물이나 생각이 아주 견고
하다는 것을 비유적으로
이르는 말
정의 모든 사람이 동등
하게 자유에 대한 권리를
갖고 균등한 기회를 가져
야 한다는 가치
공의 하나님의 성품 중
하나이며, 공명정대한 판
단과 심판을 뜻함

신명기 32:4

그는 반석이시니 그가 하신 일이 완전하고 그의 모든 길이 정의롭고 진
실하고 거짓이 없으신 하나님이시니 공의로우시고 바르시도다

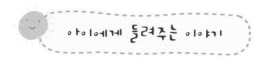

하나님은 잘못된 일을 하지 않으셔. 주님은 완전하시기 때문에 자기의 자녀도
완전하기를 바라셔. 사실 사람이 하나님처럼 완전하게 되는 것은 불가능해. 그
렇기에 하나님의 은혜에 의지하여 살아가야 해.

◆ 하나님은 공의로우신 분이에요

긍휼히 여기다 불쌍하
고 가엾게 여기다

이사야 30:18

그러나 여호와께서 기다리시나니 이는 너희에게 은혜를 베풀려 하심이
요 일어나시리니 이는 너희를 긍휼히 여기려 하심이라 대저 여호와는
정의의 하나님이심이라 그를 기다리는 자마다 복이 있도다

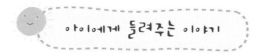

하나님은 공의로우신 분이기 때문에 우리가 죄를 지었을 때 반드시 벌을 내리
시지. 하지만 자비로우셔서 벌하는 것을 원치 않으셔. 하나님은 이 문제를 어

떻게 해결하셨을까? 예수님을 통해서 해결하실 수 있었어. 사랑하는 외아들,
예수님에게 십자가를 지게 하심으로써 우리 죄를 해결해 주신 거야.

Think

지금까지 하나님을 어떤 분으로 생각해 왔나요?

....

....

....

하나님에 대해 새롭게 알게 되었나요? 어떤 분이신 것 같아요?

....

....

....

....

 활동 : 찰칵! 찰칵! 나는야 하나님의 사진작가

준비물 : 카메라 혹은 스마트폰
활동 방법 :

• 밖으로 나가서 하나님이 만드신 세상을 둘러봅니
  다. 하나님이 만드신 하늘과 나무와 땅을 보고 또
  사람들도 살펴봅니다. 하나님이 만드신 세상을 보
  면서 하나님의 성품도 느껴 봅니다.
• 이제 자기가 느낀 하나님의 성품대로 사진을 찍어 봅니다.

5과 말씀 암송

여호와여 위대하심과

권능과 영광과 승리와 위엄이

다 주께 속하였사오니

천지에 있는 것이 다 주의 것이로소이다

여호와여 주권도 주께 속하였사오니

주는 높으사 만물의 머리이심이니이다

(역대상 29:11)

큐알(QR)코드로 음원 동영상에 접속한 뒤
악보를 보며 노래로 말씀을 암송해요.

5

하나님의 성품 (역대상 29장 11절)

여호와여 위대하심과

송다온

여호 와여 - - 위대 하심과 - 권능과영

- 광과 - 승리 - 와 위 - 엄이 다 주 께 속 - 하였 사 오니 - 천지에

있는 것 - 이다 - - 주의 것 - 이로소 - 이 - 다

- 여호 - 와여 - - - 주권 - 도주 - 께 -

속 하 - - 였 - 사오니 - 주는 - 높으 - 사 - 만물 - 의머

- 리 - 이 심 - 이니 이다 -

6 여섯 번째 만남
성경과 큐티

오늘의 주제 : 하나님의 말씀을 가까이하고 매일 꾸준히 읽습니다.

5과의 암송 구절을 외워 보세요

 함께 이야기를 나눠요

지난주에 하나님의 성품을 생각하며 달라진 부분이 있나요?

제일 좋아하는 성경 말씀은 무엇인가요? 왜 그 말씀을 좋아하나요?
한번 적어 보고 크게 읽어 볼까요?

성경

성경은 약 1,500년 동안 40여 명이 쓴 것을 한 권으로 묶은 책이에요. 구약은 모세와 선지자들이 하나님께 받은 말씀으로 39권으로 되어 있는데 대부분 히브리어로 쓰였어요. 신약은 하나님의 감동을 받은 사도들의 기록과 서신(편지)을 모은 것으로 27권으로 구성되었고 모두 헬라어로 쓰였어요. 성경은 세상의 지식이나 학문을 가르치기 위해서가 아니라 하나님을 믿는 우리에게 구원에 관한 지식과 하나님과 동행하는 데 필요한 여러 가지 지혜와 기준을 가르쳐 주기 위해서 기록되었어요. 성경의 중심인물은 예수 그리스도랍니다. 모든 주제가 그분을 향하고 있어요.

◆ 성경이 우리에게 어떤 도움을 줄까요? 자신의 생각을 적어 볼까요?

....

....

디모데후서 3:16~17에서 성경이 주는 유익을 찾아볼까요?

....

....

감동 하나님이 주관하셔서 크게 느끼어 마음이 움직임

디모데후서 3:16~17

모든 성경은 하나님의 감동으로 된 것으로 교훈과 책망과 바르게 함과 의로 교육하기에 유익하니 이는 하나님의 사람으로 온전하게 하며 모든 선한 일을 행할 능력을 갖추게 하려 함이라

◆ 우리는 성경을 어떻게 대해야 할까요? 베드로전서 2:2에서 찾아볼까요?

....

....

순전 순결하고 깨끗함
신령하다 신기하고 영적이고 묘하다

베드로전서 2:2

갓난 아기들 같이 순전하고 신령한 젖을 사모하라 이는 그로 말미암아 너희로 구원에 이르도록 자라게 하려 함이라

◆ 성경 말씀을 배우는 데는 다섯 가지 방법이 있어요

1) 듣기 : 목사님, 전도사님, 선생님이 들려주시는 설교를 잘 듣기

   로마서 10:17
   그러므로 믿음은 들음에서 나며 들음은 그리스도의 말씀으로 말미암았
   느니라

2) 읽기 : 날마다 꾸준히 말씀을 읽기

   요한계시록 1:3
   이 예언의 말씀을 읽는 자와 듣는 자와 그 가운데에 기록한 것을 지키는
   자는 복이 있나니 때가 가까움이라

3) 연구 : 읽다가 이해하기 어려운 말씀을 발견하면 부모님이나 선생님에게
   묻거나 찾아서 공부하기

   사도행전 17:11
   베뢰아에 있는 사람들은 데살로니가에 있는 사람들보다 더 너그러워서
   간절한 마음으로 말씀을 받고 이것이 그러한가 하여 날마다 성경을 상
   고하므로

4) 암송 : 읽은 말씀대로 살기 위해 말씀을 마음에 새기고(기억하고) 암송하기

   시편 119:11
   내가 주께 범죄하지 아니하려 하여 주의 말씀을 내 마음에 두었나이다

5) 묵상 : 읽거나 공부한 말씀을 곰곰이 생각하여 생활에서 실천하기

시편 1:2~3

오직 여호와의 율법을 즐거워하여 그의 율법을 주야로 묵상하는도다 그는 시냇가에 심은 나무가 철을 따라 열매를 맺으며 그 잎사귀가 마르지 아니함 같으니 그가 하는 모든 일이 다 형통하리로다

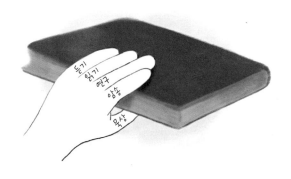

아이에게 들려주는 이야기

한 손가락으로 성경책을 들어 볼래? 손가락 하나로는 들기가 어렵지. 다섯 손가락을 다 사용해야 성경책을 거뜬히 들 수 있어. 이처럼 성경도 방금 배운 다섯 가지 방법으로 읽어야 하나님의 말씀을 좀 더 풍성하게 이해할 수 있단다.

◆ 말씀을 깨닫기 위해서 해야 할 일이 있어요. 시편 119:125에서 찾아볼까요?

시편 119:125
나는 주의 종이오니 나를 깨닫게 하사 주의 증거들을 알게 하소서

아이에게 **들려주는** 이야기

성경을 읽고 깨닫기 위해서는 반드시 성령님의 인도하심을 먼저 구해야 한단다. "성령님, 저에게 말씀을 읽고 깨달을 수 있는 지혜와 능력을 주세요" 하고 기도하고 나서 말씀을 읽어 보렴. 말씀이 훨씬 더 쉽게 다가올 거야.

Think

성경을 열심히 배우고 말씀대로 살려고 노력하면 어떤 좋은 점이 있을까요? 구체적으로 실천할 수 있는 방법을 생각해 보고 적어 보세요.

큐티

그리스도인은 날마다 성경 말씀을 읽고 큐티를 해야 해요. 큐티가 무엇인지, 또 왜 날마다 성경을 읽고 큐티를 해야 하는지 알아 보아요.

◆ **큐티(QT)가 무엇일까요?**

1) 큐티는 성경 말씀을 읽으며 하나님을 생각하는 시간이에요

읊조리다 뜻을 생각하면서 낮은 목소리로 말하다

> 시편 119:97
>
> 내가 주의 법을 어찌 그리 사랑하는지요 내가 그것을 종일 작은 소리로 읊조리나이다

2) 큐티는 성경 말씀을 읽으며 조용히 하나님의 음성을 듣는 시간이에요

> 시편 143:8
>
> 아침에 나로 하여금 주의 인자한 말씀을 듣게 하소서 내가 주를 의뢰함이니이다 내가 다닐 길을 알게 하소서 내가 내 영혼을 주께 드림이니이다

3) 큐티는 성경 말씀을 읽으며 하나님과 대화하는 시간이에요

> 시편 5:3
>
> 여호와여 아침에 주께서 나의 소리를 들으시리니 아침에 내가 주께 기도하고 바라리이다

◆ **왜 큐티를 해야 할까요? 그 이유를 생각해 보고 적어 볼까요?**

. . . .

. . . .

성경에서 큐티를 해야 하는 이유를 찾아보아요

1) 큐티를 하면 하나님과 사귈 수 있어요

요한계시록 3:20
볼지어다 내가 문밖에 서서 두드리노니 누구든지 내 음성을 듣고 문을 열면 내가 그에게로 들어가 그와 더불어 먹고 그는 나와 더불어 먹으리라

2) 큐티를 하면 하나님의 인도하심과 보호를 받을 수 있어요

[인도]
시편 119:105
주의 말씀은 내 발의 등이요 내 길에 빛이니이다

[보호]
시편 119:133
나의 발걸음을 주의 말씀에 굳게 세우시고 어떤 죄악도 나를 주관하지 못하게 하소서

3) 큐티를 하면 예수님의 성품과 인격을 닮아 예수님처럼 살 수 있어요

에베소서 4:13
우리가 다 하나님의 아들을 믿는 것과 아는 일에 하나가 되어 온전한 사람을 이루어 그리스도의 장성한 분량이 충만한 데까지 이르리니

◆ 큐티를 잘할 수 있는 방법을 알아볼까요?

1) 큐티를 할 시간과 장소를 정해요

큐티는 세상 소리를 듣기 전에 먼저 하나님의 음성을 듣는 시간이에요.
아침 첫 시간에 조용한 장소를 정하는 것이 좋아요.

2) 말씀을 읽기 전에 기도로 준비해요

기도는 말씀을 들을 마음의 준비를 하는 것이에요.

3) 그날의 성경 말씀(본문)을 읽어요

그날의 본문을 읽으며 특별히 마음에 와 닿는 말씀을 찾아보세요.

4) 본문을 묵상해요

주님이 마음에 생각나게 하시는 것을 기록해 보세요.

5) 묵상한 것을 실천해 보아요(적용)

일상에서 실천할 구체적인 내용을 생각하고, 결단하는 기도를 드려요.

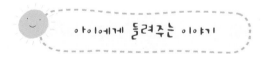

아이에게 들려주는 이야기

큐티는 영어로 QT(Quiet Time)라고 해. 말 그대로 "조용한 시간"을 뜻한단다.
말씀을 읽고 하나님이 나에게 무슨 말씀을 하시는지 조용히 귀 기울이는 시간
이야. 아침에 눈을 뜨자마자 일찍 하는 것이 가장 좋지만, 그게 힘들면 네가 큐

티를 하기에 가장 좋은 시간을 정해서 해도 돼.

큐티를 할 때는 먼저 말씀을 읽고, 예쁜 색깔 펜을 사용해서 마음에 와 닿는 말씀에 밑줄을 그어 봐. 그러고 나서 그 말씀을 통해 하나님이 너에게 무엇을 깨닫게 해 주셨는지를 생각해 보렴. 그리고 깨달은 말씀을 가지고 하나님의 말씀에 순종하여 하루를 어떻게 살지 결단하고 기도하면 돼.

어렵지 않지? 이제 큐티가 무엇인지, 또 어떻게 해야 하는지를 알았으니, 함께 큐티 계획표를 세워 보자. 이제부터 매일 정한 시간마다 하나님의 말씀을 읽고 하나님 앞에 머무는 시간을 갖는 거야.

큐티를 하는데 정해진 방법이 있는 건 아니에요. 그러나 큐티를 시작하는 것과 또 계속하는 것을 돕기 위해 《예수님이 좋아요》를 소개할게요. 《예수님이 좋아요》를 가지고 매일 언제 어디서 큐티하는 게 좋을지 계획을 세워 보아요.

★ 나의 큐티 계획표

언제 : _____

어디서 : _____

활동 : 말씀을 가까이 할래요(말씀의 다섯 손가락 꾸미기)

준비물 : 사인펜, 색연필 혹은 크레파스

활동 방법 :

• 오른쪽 네모 상자에 손을 대고 다섯 손가락을 그립니다.

• 말씀의 다섯 손가락(82쪽) 그림을 떠올리며 각 손가락에 해당하는 내용을 적습니다.

• 말씀의 다섯 손가락을 색연필이나 크레파스로 색칠합니다.

6과　말씀 암송

모든 성경은 하나님의 감동으로 된 것으로

교훈과 책망과 바르게 함과

의로 교육하기에 유익하니

이는 하나님의 사람으로 온전하게 하며

모든 선한 일을 행할 능력을

갖추게 하려 함이라

(디모데후서 3:16~17)

큐알(QR)코드로 음원 동영상에 접속한 뒤
악보를 보며 노래로 말씀을 암송해요.

6

성경과 큐티 (디모데후서 3장 16~17절)

모든 성경은

윤 원 효

모든 성 경 은 하 나 님 의 감 동 으 로 된 것 으 로 교 훈

과 책 망 과 바 르 게 함 과 의 로 교 육 하 기 에 유 익 하 니 이 는

하 나 님 의 - 사 람 으 로 온 전 하 게 하 며 - 모 든

선 한 일 을 행 할 능 력 을 - 갖 추 게 하 려 함 이 라

일곱 번째 만남

7

기도

⭐ 오늘의 주제 : 기도가 무엇인지 성경에서 찾아보고, 날마다 기도하는 삶을
살도록 합니다.

✦ 6과의 암송 구절을 외워 보세요

✦ 함께 이야기를 나눠요

지난주에 말씀을 읽거나 큐티를 했나요? 기억에 남는 성경 구절이 있나요?

‘기도’ 하면 뭐가 떠오르나요? 기도해 본 적 있나요? 특별히 생각나는 기도가 있나요?

기도에 대해 배워 볼까요?

◆ 기도가 무엇일까요? 자신의 생각을 적어 볼까요?

아이에게 들려주는 이야기

기도는 하나님과 이야기를 나누는 거야(의사소통). 기도는 서로 좋아하는 사람 끼리 대화를 나누듯이 하나님과 하나님을 사랑하는 그리스도인 사이에 나누 는 대화야. 하나님의 자녀인 우리는 은혜의 보좌 앞에 확신을 가지고 담대히(두 려움 없이) 나아갈 수 있어.

히브리서 4:16
그러므로 우리는 긍휼하심을 받고 때를 따라 돕는 은혜를 얻기 위하여 은혜의 보좌 앞에 담대히 나아갈 것이니라

◆ 왜 기도해야 할까요? 자신의 생각을 적어 볼까요?

. . . .

. . . .

기도해야 하는 이유를 성경에서 찾아보아요

1) 하나님과 이야기하며 서로 친해지기 위해서에요

마태복음 6:6
너는 기도할 때에 네 골방에 들어가 문을 닫고 은밀한 중에 계신 네 아 버지께 기도하라 은밀한 중에 보시는 네 아버지께서 갚으시리라

때를 따라 돕는 은혜 필
요한 때에 주시는 하나님
의 사랑
은혜의 보좌 구약성경(출
애굽기 25:22)을 보면 언
약궤 위의 두 그룹 사이,
곧 속죄소를 가리키는데
이곳은 하나님이 계시는
곳을 말함. 이곳에서 이
스라엘 백성의 죄를 용서
하고 은혜를 베푸신 데서
유래된 표현 구약에서는
대제사장이 백성의 죄를
대신하여 은혜의 보좌 앞
을 지나갈 때 백성들의
죄가 용서함을 받았지만
신약에서는 예수님 앞에
나오는 자는 누구든지 죄
사함을 받는 은혜를 누리
게 하신다는 뜻

골방 사람의 눈에 잘 띄
지 않도록 만든 작은 방
은밀한 중에 숨어 있어
서 겉으로 드러나지 않게
기도할 때에

2) 하나님이 우리를 통해 빛나고 높아지시기 위해서에요

요한복음 14:13

너희가 내 이름으로 무엇을 구하든지 내가 행하리니 이는 아버지로 하여금 아들로 말미암아 영광을 받으시게 하려 함이라

말미암아 어떤 현상이나 사물 따위가 원인이나 이유가 되다

3) 하나님 안에서 영적으로 자라가기 위해서에요

우리가 힘들거나 아플 때, 기쁘거나 즐거울 때 하나님께 기도드리면, 하나님은 우리에게 성경 말씀을 생각나게 하여 힘을 주시기도 하고, 주변 사람들을 통해 도와주시기도 해요. 모든 일을 하나님께 말씀드리고 믿음으로 이겨 낼 때, 우리에게 더 큰 믿음을 선물로 주세요. 항상 하나님께 묻고 답을 구하는 것이 영적으로 자라나는 비결이랍니다.

4) 나의 소원을 말씀드리기 위해서에요

빌립보서 4:6~7

아무 것도 염려하지 말고 다만 모든 일에 기도와 간구로, 너희 구할 것을 감사함으로 하나님께 아뢰라 그리하면 모든 지각에 뛰어난 하나님의 평강이 그리스도 예수 안에서 너희 마음과 생각을 지키시리라

간구 바라고 구함
아뢰다 윗사람에게 말씀드려 알리다
지각 사물의 이치나 도리를 분별하는 능력

◆ **언제 기도해야 할까요?**

1) 언제 어디서나 기도해야 해요

데살로니가전서 5:17

쉬지 말고 기도하라

2) 매일 특별히 시간을 정해 기도하면 하나님과 더 친해질 수 있어요

마가복음 1:35

새벽 아직도 밝기 전에 예수께서 일어나 나가 한적한 곳으로 가사 거기서 기도하시더니

3) 다른 사람과 함께 모여서 기도할 수 있어요

사도행전 1:4

사도와 함께 모이사 그들에게 분부하여 이르시되 예루살렘을 떠나지 말고 내게서 들은 바 아버지께서 약속하신 것을 기다리라

◆ 어떻게 기도해야 할까요? 다섯 개 순서를 알려 줄게요

1) 찬양 : 하나님의 위대하심을 생각하며 하나님을 칭송하기

역대상 29:11

여호와여 위대하심과 권능과 영광과 승리와 위엄이 다 주께 속하였사오니 천지에 있는 것이 다 주의 것이로소이다 여호와여 주권도 주께 속하였사오니 주는 높으사 만물의 머리이심이니이다

2) 고백 : 오늘 하루를 돌아보고 잘못한 일이 있으면 잘못했다고 솔직하게 고백하기

요한일서 1:9

만일 우리가 우리 죄를 자백하면 그는 미쁘시고 의로우사 우리 죄를 사하시며 우리를 모든 불의에서 깨끗하게 하실 것이요

3) 감사 : 하나님이 주신 모든 것에 대해서, 때로는 마음에 들지 않는 일까지도 하나님께 감사하기

한적한 곳 복잡하지 않고 고요한 장소

사도 거룩한 일을 위해 헌신하는 사람
분부하다 윗사람이 아랫사람에게 명령이나 지시를 내리다

칭송 훌륭한 것을 잊지 않고 칭찬하는 것
권능 권리를 주장하고 행사할 수 있는 능력
위엄 존경할만한 위세가 있어 점잖고 엄숙함
천지 하늘과 땅. 온 세상을 말함
주권 가장 주요한 권리
만물의 머리 모든 것의 머리(정상). 하나님을 가리키는 거룩한 호칭

에베소서 5:20

범사에 우리 주 예수 그리스도의 이름으로 항상 아버지 하나님께 감사하며

4) 중보 : 가족, 친구, 이웃 중에 도움이 필요한 사람이 있다면 하나님께 도와 달라고 기도하기

야고보서 5:16

그러므로 너희 죄를 서로 고백하며 병이 낫기를 위하여 서로 기도하라 의인의 간구는 역사하는 힘이 큼이니라

5) 간구 : 내가 필요한 것을 하나님께 말씀드리고 요청하기

마태복음 7:7~8

구하라 그리하면 너희에게 주실 것이요 찾으라 그리하면 찾아낼 것이요 문을 두드리라 그리하면 너희에게 열릴 것이니 구하는 이마다 받을 것이요 찾는 이는 찾아낼 것이요 두드리는 이에게는 열릴 것이니라

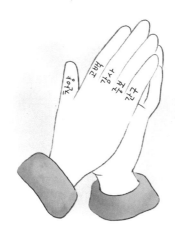

★ 다섯 개 순서에 따라 기도해 볼까요?

하나님과 얘기해요

1. 찬양 : _____

_____

2. 고백 : _____

_____

3. 감사 : _____

_____

4. 중보 : _____

_____

5. 간구 : _____

_____

◆ **어떻게 기도하면 이루어질 것이라는 확신이 생길까요?**

1) 예수님 안에 있어야 해요

"예수님 안에 있다"는 말은 나의 죄를 고백하고, 말씀 안에서 순종하며 사는 것을 뜻해요.

요한복음 15:7

너희가 내 안에 거하고 내 말이 너희 안에 거하면 무엇이든지 원하는 대로 구하라 그리하면 이루리라

거하다 일정한 곳에 머물러 살다

98

2) 예수님의 이름으로 기도해야 해요

요한복음 16:24

지금까지는 너희가 내 이름으로 아무 것도 구하지 아니하였으나 구하라
그리하면 받으리니 너희 기쁨이 충만하리라

3) 하나님이 기도에 응답해 주실 것을 믿어야 해요

마태복음 21:22

너희가 기도할 때에 무엇이든지 믿고 구하는 것은 다 받으리라 하시니라

아이에게 들려주는 이야기

누리의 할아버지는 하나님을 믿지 않으셔. 그래서 누리는 할아버지가 예수님
을 믿고 구원받으시기를 날마다 간절히 기도하고 있어. 할아버지를 뵈러 시골
에 내려갈 때마다 "할아버지, 예수님을 믿으세요. 그래야 천국에 가실 수 있어
요"라고 말씀드려. 그런데 누리가 예수님 이야기를 할 때면 평소에 누리를 예뻐
하시던 할아버지가 영 다른 분처럼 변하시곤 해.

집으로 돌아가는 차 안에서 누리가 아빠에게 말씀드렸어.

"아빠! 하나님이 왜 내 기도를 들어주시지 않을까요? 속상해요."

"무슨 기도를 했는데?"

"할아버지가 예수님을 믿고 구원받게 해달라고요."

아빠가 빙긋이 웃으며 대답하셨어.

"이야, 누리가 할아버지를 위해서 기도하는구나. 대견한 걸? 아빠도 오래전부

터 할아버지가 예수님을 믿도록 기도해 왔단다. 할아버지가 빨리 예수님을 믿고 구원받으시면 좋겠는데, 안타깝지? 그래도 우리가 이렇게 할아버지를 위해 기도하고 있으니, 하나님이 반드시 들어주실 거야. 우리, 할아버지를 위해 지금 같이 기도할까? 아빠는 운전 중이니까 누리가 해 볼래?"

누리는 아빠가 가르쳐 주신 대로 간절히 기도했어요.

"세상 모든 것의 주인이 되시는 하나님을 찬양합니다. 하나님, 아빠와 제가 지은 죄를 용서해 주세요. 하나님이 우리 기도에 응답해 주시지 않는다고 섭섭해했어요. '너희가 믿고 구하면 반드시 받을 것이다'라고 하신 말씀을 잠시 잊었어요. 죄송해요. 하나님, 아빠와 제가 할아버지보다 먼저 예수님을 믿게 해 주셔서 감사합니다. 우리가 할아버지를 위해 기도할 수 있게 해 주셔서 감사해요. 하나님, 이건 정말 간절한 소원이에요. 우리 할아버지가 예수님을 믿을 수 있도록 도와주세요. 할아버지가 예수님을 믿을 때까지 계속 기도하게 해 주세요. 그리고 집으로 돌아가는 길도 안전하게 지켜 주세요. 예수님 이름으로 기도합니다. 아멘."

누리의 간절한 기도에 아빠도 '아멘'을 크게 외치셨단다.

아빠와 함께 기도하고 나니 누리는 하나님이 할아버지를 꼭 구원해 주실 거라는 믿음이 생겼어.

우리가 하나님의 뜻을 따라 구하면, 하나님은 반드시 들어주신단다. 하나님의 약속이 완전히 이루어질 때까지 포기하면 안 되는 거야.

활동 : 날마다 기도할래요(기도걸이 만들기)

준비물 : 옷걸이, 리본 끈, 엽서(혹은 엽서 크기의 종이) 여러 장, 필기도구 등

활동 방법 :

· 기도 제목을 서로 나눕니다. 그리고 가정을 위한 기도 제목을 함께 생
  각해 봅니다.

· 엽서에 기도 제목들을 적습니다.

· 엽서에 리본을 달고 끈으로 엮은 뒤 옷걸이에 감습니다.

· 꾸민 옷걸이를 잘 보이는 곳에 걸어 두고, 함께 기도하는 시간을 갖습니다.

· 응답된 기도 제목은 기도걸이에서 빼고, 또 새로운 기도 제목이 생기면
  기도걸이에 겁니다.

아무것도 염려하지 말고

다만 모든 일에 기도와 간구로

너희 구할 것을 감사함으로 하나님께 아뢰라

그리하면 모든 지각에 뛰어난 하나님의 평강이

그리스도 예수 안에서

너희 마음과 생각을 지키시리라

(빌립보서 4:6~7)

큐알(QR)코드로 음원 동영상에 접속한 뒤
악보를 보며 노래로 말씀을 암송해요.

기도 (빌립보서 4장 6~7절)

아무 것도 염려하지 말고

김혜문

오늘의 주제 : 예배를 통해 하나님과 교제하고, 믿는 친구들과 교제하는 삶을 삽니다.

✦ 7과의 암송 구절을 외워 보세요

✦ 함께 이야기를 나눠요

지난주에 기도했나요? 응답 받은 기도가 있다면 나누어 볼까요?

```
............................................................................
:                                                                          :
:                                                                          :
:                                                                          :
:                                                                          :
:                                                                          :
:                                                                          :
............................................................................
```

'예배'하면 떠오르는 것이 무엇인가요? 예배가 무엇이라고 생각하나요?

```
............................................................................
:                                                                          :
:                                                                          :
:                                                                          :
:                                                                          :
:                                                                          :
............................................................................
```

그리스도인의 교제는 무엇일까요 ?

교회는 하나님을 믿는 사람들이 모인 곳이이에요. 교회는 하나님의 약속한 말씀을 믿고 구원받은 사람들의 무리랍니다. 우리는 교회에서 예배를 통해 하나님과 교제하고 또 하나님을 믿는 사람들과 서로 사랑하며 교제해요.

◆ 예배를 통한 하나님과의 교제

1) 하나님이 우리의 예배를 통해서 원하시는 것이 무엇일까요? 레위기 10:3

에서 찾아볼까요?

....

....

레위기 10:3

모세가 아론에게 이르되 이는 여호와의 말씀이라 이르시기를 나는 나를 가까이 하는 자 중에서 내 거룩함을 나타내겠고 온 백성 앞에서 내 영광을 나타내리라 하셨느니라 아론이 잠잠하니

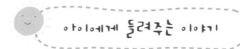

아이에게 들려주는 이야기

예배란 성도들이 함께 모여 경건한 마음과 단정한 몸가짐으로 세상 모든 것을 창조하고 다스리시는 하나님께 감사와 찬양과 영광을 돌려드리는 것이란다. 하나님이 기뻐하시는 예배는 마음과 뜻과 정성을 다하는 예배야. 예배 시간보다 먼저 도착해서 차분히 기도로 준비하고, 예배드릴 때 친구와 잡담하거나 장난치지 않고, 핸드폰으로 웹툰을 보거나 메신저를 하지 않는 것도 하나님이 기뻐하시는 예배를 드리는 바른 태도란다.

2) 참된 예배자의 모습은 무엇일까요?

그리스도인(크리스천)은 그리스도에서 나온 이름이에요. '그리스도'는 '기름 부음 받은 자'라는 뜻이에요. 진정한 예배는 예수 그리스도가 드리신 예배를 본받는 것이랍니다. 예수님은 이 땅에 사시며 진정한 예배의 모습을 보여 주셨어요. 예수님은 하나님의 말씀과 뜻에 순종하여 하나님이 기뻐하시는

삶을 사셨는데 그것이 바로 살아있는 예배랍니다.

로마서 12:1

그러므로 형제들아 내가 하나님의 모든 자비하심으로 너희를 권하노니 너희 몸을 하나님이 기뻐하시는 거룩한 산 제물로 드리라 이는 너희가 드릴 영적 예배니라

참된 예배를 드리기 위해 우리가 해야 할 일은 무엇일까요? 바로 참된 예배자가 되는 것이에요. 그렇다면 누가 참된 예배자일까요? 요한복음 4:23~24에서 찾아보아요.

....

....

요한복음 4:23~24

아버지께 참되게 예배하는 자들은 영과 진리로 예배할 때가 오나니 곧 이때라 아버지께서는 자기에게 이렇게 예배하는 자들을 찾으시느니라 하나님은 영이시니 예배하는 자가 영과 진리로 예배할지니라

아이에게 들려주는 이야기

성경에는 예수님을 사랑한 한 가족의 이야기가 나온단다. 바로 마리아, 마르다, 나사로 남매 가족이야.

어느 날, 그들이 예수님을 집으로 초대했어. 예수님이 오시자 마르다는 마음이 점점 급해졌어. 왜냐하면 사랑하는 예수님께 제일 맛있는 음식을 대접하고 싶었거든. 그런데 동생 마리아가 예수님의 발치에 앉아 꼼짝도 안 하는 거야. 마리아는 예수님이 들려주시는 말씀을 하나도 놓치지 않으려고 열심히 듣고 있었

진리 참된 이치. 언제 어디서나 누구나 인정할 수 있는 보편적인 법칙이나 사실

단다. 바쁘게 움직이던 마르다가 마리아를 보고 화가 났어.

"아니, 마리아는 도대체 뭐 하고 있는 거야. 이렇게 바쁜데 도와주지는 않고…."

결국 참을 수가 없어서 예수님께 가서 말했어.

"예수님, 마리아한테 저를 좀 도와주라고 얘기해 주세요. 예수님께 맛있는 걸 대접하려고 하는데, 저만 혼자 너무 바쁘잖아요."

그때 예수님이 마르다에게 말씀하셨어.

"얘, 마르다야! 그냥 두어라. 마리아가 좋은 것을 선택했구나."

마르다는 예수님께 맛있는 음식을 해 드리면, 예수님이 기뻐하실 거라고 생각했어. 하지만 예수님은 맛있는 음식보다 예수님의 말씀을 귀 기울여 듣는 것을 더 기뻐하셨단다.

Think

우리도 하나님께 예배드릴 때, 다른 일을 하느라 정작 하나님께 집중하지 못할 때가 있어요. 하지만 하나님은 우리가 오직 하나님께만 집중하길 원하세요. 마음과 뜻과 정성을 다해 예배에 집중하는 것을 좋아하신다는 뜻이에요. 그렇게 예배할 때, 우리는 참된 예배자가 될 수 있답니다.

3) 참된 예배자는 성령 충만한 사람이에요

에베소서 5:18~19

술 취하지 말라 이는 방탕한 것이니 오직 성령으로 충만함을 받으라 시와 찬송과 신령한 노래들로 서로 화답하며 너희의 마음으로 주께 노래하며 찬송하며

※성령 충만에 대해서는 10과에서 자세히 배울 거예요.

화답 시나 노래에 응하여 대답함

참된 예배자는 성령 충만하여 날마다 하나님께 찬양하는 사람이야. 넌 요즘 어떤 찬양을 좋아해? 그 찬양을 부를 때마다 어떤 마음이 들어? 사실, 찬양은 보통 노래와는 많이 다르단다. 찬양은 노래로 부르는 기도이거든. 찬양을 부를 때는, 가사를 잘 생각하면서 부르는 게 좋아.

그러니까 찬양은 하나님을 생각하며 기쁘고 감사한 마음으로 정성껏 불러야 해. 찬양을 하면 할수록 마음 가운데 기쁨과 평안이 넘친단다. 바로 성령님이 주시는 기쁨과 평안이지.

Think

지금까지 예배드리는 나의 모습은 어떠했나요? 또 앞으로 어떤 자세로 예배드릴 건가요?

◆ 하나님을 믿는 사람들 사이의 교제

1) 우리는 주 안에서 한 몸이에요

예수님을 믿고 교회에 다니는 우리는 모두 하나님의 자녀예요. 하나님 아버지를 믿는 한 가족이란 뜻이에요. 가족을 사랑하듯 믿는 사람들은 서로 돕고 서로 위해 주며 사랑하며 지낸답니다. 성경은 교회 다니는 우리가 한 몸과 같다고 말하고 있어요. 여러 지체가 모여 하나의 몸을 이루듯 서로 다른 다양한 우리가 모여 한 몸이 된 거예요.

로마서 12:5

이와 같이 우리 많은 사람이 그리스도 안에서 한 몸이 되어 서로 지체
가 되었느니라

2) 주 안에서 하나가 되어야 해요

죄 때문에 하나님과 하나 될 수 없었던 우리가 예수님을 통해 하나님과 화목
하게 되었어요. 우리의 하나 되는 모습을 통해 복음이 전해져요.

요한복음 17:11

나는 세상에 더 있지 아니하오나 그들은 세상에 있사옵고 나는 아버지
께로 가옵나니 거룩하신 아버지여 내게 주신 아버지의 이름으로 그들
을 보전하사 우리와 같이 그들도 하나가 되게 하옵소서

3) 우리는 서로 다름을 이해하고 사랑해야 해요

그리스도인들은 그리스도 안에서 하나가 되었지만 여러 면에서 서로 다른
점이 많았어요. 서로의 다름을 이해하고 사랑할 때 그리스도의 몸을 이룰
수 있어요.

에베소서 4:7

우리 각 사람에게 그리스도의 선물의 분량대로 은혜를 주셨나니

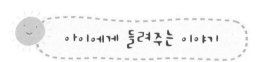

아이에게 **들려주는** 이야기

믿음, 소망, 사랑이라는 세 친구가 있었단다. 하루는, 믿음이가 말했어.

"우리 중에 하나님이 나를 제일 좋아하실 거야. 왜냐하면, 믿음이 있어야 사람

들이 천국에 갈 수 있으니까."

그 말을 들은 소망이가 말했어.

"아니야, 하나님은 나를 제일 좋아하실 거야. 왜냐하면, 내가 없으면 사람들이 답답하고 우울하게 살 수밖에 없거든."

그러자 조용히 듣고 있던 사랑이가 한마디 했지.

"얘들아, 우리는 서로 싸우지 말자. 하나님이 기뻐하지 않으실 거야. 우리 서로 사랑하자."

그들의 이야기를 듣고 있던 하나님이 말씀하셨어.

"믿음아! 소망아! 사랑아! 너희는 정말 소중한 존재란다. 너희가 함께 있을 때 내가 제일 기쁘단다. 너희가 함께 일할 때 나의 영광이 나타난단다."

하나님의 말씀을 들은 믿음, 소망, 사랑은 그다음부터 꼭 함께 다니며 하나님을 기쁘시게 했단다.

Think

그리스도인이 나와 한 몸이라는 것에 무슨 생각이 드나요? 나와 맞지 않아서 친하게 지내지 않았던 친구들과 어떻게 지내고 싶은가요?

활동 : 하나님 사랑, 이웃 사랑(우리 집 십자가 만들기)

준비물 : 색종이, 색연필, 풀, 가위

활동 방법 :

• 오른쪽 네모 상자에 십자가를 그립니다. 십자가 모양은 하나님과 사람
   의 관계와 또 하나님을 믿는 사람들끼리의 관계를 나타냅니다.

• 색종이를 작게 찢어서 모자이크 기법으로 십자가를 꾸밉니다.

• 꾸민 십자가를 가위로 오린 뒤 잘 보이는 곳에 걸어 두고, 날마다 하나
   님과 교제하며 하나님을 믿는 사람들과 교제하는 삶을 살기로 다짐합
   니다.

우리가 한 몸에 많은 지체를 가졌으나

모든 지체가 같은 기능을 가진 것이 아니니

이와 같이 우리 많은 사람이

그리스도 안에서 한 몸이 되어

서로 지체가 되었느니라

(로마서 12:4~5)

큐알(QR)코드로 음원 동영상에 접속한 뒤
악보를 보며 노래로 말씀을 암송해요.

8

교제 (로마서 12장 4~5절)

우리가 한 몸에

윤원효

우 리 가   한 몸 에 - 많은 지 체 를   가 졌 으 - 나 모 든

지 체 가 같 은 기 능 - 을 - 가 진 것 이   아 니 - 니 - -   이 와 같

이 우 리 많 - 은 사 람 이 -   그 리 스 도 안 에 서 - - - -   한

몸 이 되 어 서 로 지 체 가 -   되 었 느 니 라

9 아홉 번째 만남
전도

⭐ 오늘의 주제 : 복음을 전하는 구체적인 방법을 배우고, 전도자로 살아갈 다짐
을 합니다.

※ 8과의 암송 구절을 외워 보세요

※ 함께 이야기를 나눠요

지난주에 배운 교제를 실천해 봤나요? 무엇이 달라졌나요?

전도해 본 적 있나요? 만일 있다면 누구에게 예수님을 전했나요? 그때 어떤
마음으로 전도했고, 전도할 때 느낌이 어땠어요?

복음을 전하려면 어떻게 해야 할까요?

전도는 하나님을 모르고, 예수님을 믿지 않는 사람들에게 가서 하나님이 우
리를 사랑하셔서 예수님을 보내 주신 이야기를 전하는 것이에요. 즉 복음을
전하는 것이에요.

◆ 전도의 기본자세는 뭘까요?

1) 성경에서 안드레가 예수님을 만난 후에 제일 먼저 한 일을 보면, 전도의 기본

자세를 알 수 있을 거예요. 요한복음 1:40~42을 살펴 본 뒤 전도의 기본자세에 대한 자신의 생각을 써 볼까요?

....

....

메시야 기름부음을 받은 자 라는 뜻으로 신약성경에는 그리스도라고 표현

요한복음 1:40~42

요한의 말을 듣고 예수를 따르는 두 사람 중의 하나는 시몬 베드로의 형제 안드레라 그가 먼저 자기의 형제 시몬을 찾아 말하되 우리가 메시야를 만났다 하고(메시야는 번역하면 그리스도라) 데리고 예수께로 오니 예수께서 보시고 이르시되 네가 요한의 아들 시몬이니 장차 게바라 하리라 하시니라 (게바는 번역하면 베드로라)

☀ 아이에게 들려주는 이야기

예수님을 만난 안드레는 예수님을 따르는 제자가 되었어. 안드레는 예수님을 자기만 알고 있는 게 너무 안타까워 형을 찾아갔단다.

"시몬 형, 형도 예수님을 꼭 한번 만나 봤으면 좋겠어."

안드레의 말을 들은 시몬이 예수님을 찾아갔어. 예수님은 시몬을 보고 말씀하셨어.

"네가 시몬이구나. 너를 앞으로 베드로라 부르겠다."

시몬은 예수님을 만나고 나서 인생이 바뀌었어. 예수님을 만나기 전에는 물고기를 낚는 어부였지만, 안드레의 전도로 예수님을 만나자 사람을 낚는, 예수님의 제자가 되었단다.

2) 바울이 부끄러워하지 않는다고 말한 것이 무엇이었나요? 로마서 1:16에서

　찾아볼까요?

‧‧

왜 그것을 부끄러워하지 않는다고 했을까요? 로마서 1:16에서 찾아볼까요?

‧‧

　로마서 1:16

　내가 복음을 부끄러워하지 아니하노니 이 복음은 모든 믿는 자에게 구
　원을 주시는 하나님의 능력이 됨이라 먼저는 유대인에게요 그리고 헬라
　인에게로다

◆ 어떻게 전도할까요?

1) 생활하는 모습을 통해 전도할 수 있어요

　마태복음 5:16

　이같이 너희 빛이 사람 앞에 비치게 하여 그들로 너희 착한 행실을 보고
　하늘에 계신 너희 아버지께 영광을 돌리게 하라

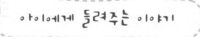
아이에게 들려주는 이야기

　학교에서 왕따 당한 친구, 몸이 약한 친구를 도와주거나 내가 가진 것을 나누어
　주는 것 등 외롭고 아픈 사람에게 작은 사랑을 나누는 것 등이 모두 전도란다.

2) 말로 전도할 수 있어요

요한복음 4:28~30

여자가 물동이를 버려두고 동네에 들어가서 사람들에게 이르되 내가
행한 모든 일을 내게 말한 사람을 와서 보라 이는 그리스도가 아니냐
하니 그들이 동네에서 나와 예수께로 오더라

아이에게 **들려주는** 이야기

누리는 목사님의 설교를 듣고 결심한 것이 있어. 이번에 시골에 가면, 할아버지께 다시 한 번 복음을 전해야겠다고 말이야. 목사님이 전도에 대해서 자세히 알려 주신 덕분에 결심할 수 있었지.

드디어 할아버지 댁에 가는 날이 되었어! 누리는 떨리기도 하고 겁도 살짝 났지만, 하나님이 함께하실 것을 믿고 기도하며 담대하게 출발했단다.

누리가 저녁을 맛있게 먹고 나서 할아버지께 다가갔어.

"하~할아버지."

"왜?"

누리는 용기를 내어 씩씩하게 말했어.

"할아버지께 기쁜 소식을 알려드리려고요."

"기쁜 소식? 우리 누리가 시험을 잘 봤나 보구나. 허허."

누리가 더 힘을 주어 말했어.

"할아버지, 제가 시험을 잘 본 것보다 더 기쁜 소식이에요."

"그래? 어디 한번 말해 보렴."

누리는 간절한 마음으로 이야기를 시작했어.

"할아버지, 할아버지는 천국이 있다고 믿으세요?"

할아버지가 못마땅한 듯 대답하셨어.

"글쎄다."

"할아버지는 천국에 들어갈 수 있을 것 같으세요?"

할아버지는 당돌하다는 듯 웃으며 대답하셨어.

"할아버지야 법 없이도 산 사람인데, 그러니 당연히 천국에 들어가지 않겠니? 허허."

누리가 말했어.

"할아버지, 천국은 하나님의 선물이에요. 값없이 주시는 선물이요. 생명에 필요한 햇빛, 공기, 물 등을 거저 주신 것처럼, 천국도 우리에게 선물로 주길 원하세요. 천국은 돈이 많아야, 많이 배워야, 법 없이도 살 만큼 착하게 살아야 갈 수 있는 곳이 아니에요."

할아버지는 조용히 듣고만 계셨어. 누리가 말을 이어 갔단다.

"하나님의 법을 어기는 모든 게 죄예요. 거짓말, 욕, 욕심, 미움, 교만 등, 모든 잘못된 생각과 말과 행동이 다 죄예요. 그중에 하나라도 안 해 본 사람이 없잖아요. 사람은 스스로 용서하고 구원할 수 없어요. 제일 큰 죄는 하나님을 하나님으로 인정하지 않는 거예요. 하지만 하나님은 공의로우셔서 죄를 그냥 버려 두지 않으세요. 꼭 대가를 치르게 하시죠. 그런데 공의로우신 하나님이 사랑이 많으시고 자비롭기도 하셔서 우리가 벌을 받도록 그냥 내버려 두지도 않으세요."

할아버지가 고개를 갸우뚱하셨어.

"그래서 벌을 주신다는 거냐? 안 주신다는 거냐?"

듣고만 있던 할아버지가 말씀하시니까 누리가 신났어.

"할아버지, 바로 그 문제를 예수님이 해결하셨어요!"

할아버지가 물으셨어.

"예수님이 누구냐?"

누리가 대답했지.

"예수님은 하나님이면서 사람이셨어요. 사람의 몸으로 오신 하나님이거든요. 예수님은 우리를 위해 우리 죄를 대신 짊어지고 십자가에서 죽으시고 부활하셨어요. 우리에게 천국을 선물로 주기 위해 죗값을 치러 주신 거예요. 십자가에서 죽으실 때, '다 이루었다'고 말씀하셨거든요. 우리 죄를 다 씻어 주셨다는 뜻이에요. 그래서 우리가 천국을 선물로 받게 되었어요. 천국은 믿음으로 선물 받는 거예요. 요한복음 3장 16절에 '하나님이 세상을 이처럼 사랑하사 독생자를 주셨으니 이는 저를 믿는 자마다 멸망하지 않고 영생을 얻게 하려 하심이라'라고 했거든요. 그러니까 믿음은 천국 문을 여는 열쇠나 다름없어요. 내 모습이 어떻든, 어떤 잘못을 했든, 있는 그대로 예수님께 모든 걸 맡기고 믿으면 돼요."

누리는 할아버지께 간절히 말씀드렸어.

"할아버지, 하나님이 할아버지도 '사랑하는 아들'이라고 하세요. 사랑하는 아들에게 천국을 선물로 주고 싶다고 하세요. 우리 죄를 없애 주신 예수님을 믿기만 하면 돼요. 할아버지, 하나님의 선물을 받으실래요?"

할아버지가 한동안 누리를 가만히 바라보셨어.

"그래, 그러자꾸나."

누리는 날아갈 듯 기뻤단다.

"할아버지, 저를 따라서 기도해 주세요. '예수님, 저를 위해 십자가에 못 박혀 죽으시고 부활하신 것을 믿습니다. 지금 예수님이 내 마음에 들어오셔서 내 삶의 주인이 되어 주세요. 예수님 이름으로 기도합니다. 아멘."

"아멘."

누리가 할아버지를 와락 껴안고 뽀뽀를 해 댔어.

"할아버지, 축하드려요. 하나님의 선물을 받으셨어요. 사랑해요, 축복해요. 쪼옥."

할아버지가 쑥스러운 듯 누리의 손을 잡으며 말씀하셨어.

"누리야, 고맙다!"

누리가 할아버지께 말했어.

"할아버지, 집에서 가까운 교회에 다니세요. 목사님이 할아버지를 도와주실 거예요. 이번 주부터 꼭 다니세요."

할아버지가 교회에 다니기로 약속하셨어. 누리는 할아버지를 위한 기도에 응답해 주신 하나님께 감사를 드렸단다.

◆ 전도하면 하나님이 선물을 주세요

하나님이 전도하는 사람에게 어떤 선물을 주실까요? 생각해 보고 적어 볼까요?

....

....

전도하는 사람에게 어떤 선물을 주시는지 다니엘 12:3에서 찾아볼까요?

....

....

다니엘 12:3

지혜 있는 자는 궁창의 빛과 같이 빛날 것이요 많은 사람을 옳은 데로 돌아오게 한 자는 별과 같이 영원토록 빛나리라

궁창 푸른 하늘의 빛

누리는 할아버지께 전도하고 나서 정말 기뻤어. 사랑하는 할아버지가 이제 구원받고 천국에 가신다고 생각하니 뿌듯하고 감사한 마음이 들었단다.

누리가 아빠에게 말했어.

"아빠, 할아버지가 구원을 받으셔서 너무 기뻐요. 하나님도 기뻐하시겠죠?"

"그렇고말고. 아빠도 무척 기쁘단다. 하나님은 한 영혼이 구원받는 것을 천하를 얻는 것보다 더 기뻐하셔. 하나님을 몰라서 지옥에 갈 수밖에 없는 사람들을 보고 너무나 안타까워하신단다. 우리가 예수님을 먼저 믿고 구원받았으니 사랑과 은혜에 감사한 거지. 그러니 하나님이 기뻐하시는 일을 더 하고 싶은 거야.

하나님이 전도하는 사람을 별과 같이 빛나게 하신다고 했어. 아빠는 네가 별처럼 영원히 빛나는 귀한 하나님의 자녀가 되기를 기도한단다. 한 영혼을 주님 앞으로 인도하는 것은 최고의 이웃 사랑이야. 마치 물에 빠져 죽어 가는 사람을 구하는 것과도 같지. 생명을 살리는 일이야말로 가장 가치 있고 중요한 일이잖니."

Think

★ 전도하려면 어떤 준비를 해야 할까요?

1) 복음을 전해 들을 사람들이 구원받을 수 있도록 기도하면 돼요.
2) 사람들이 오기를 기다리지 말고, 적극적으로 찾아가 전도해요.
3) 예수님을 주제로 이야기해야 해요.
4) 결과는 하나님께 맡기고, 기대하는 마음으로 기다리면 돼요.

그리스도인을 복음에 빚진 자라고 부른단다. 기쁜 소식을 먼저 알게 되었으니 다른 사람들에게 당연히 전해 줘야 하기 때문이지. 예수님을 몰라서 믿지 못하거나, 믿지 않으려고 버티다가 죽어 가는 많은 세상 사람에게 복음을 늦지 않게 전해야 한단다.

언제나, 누구에게나 복음을 전할 수 있도록 준비하면 좋겠어. 어떻게 말하면 좋을지 미리 생각해 놓자. 혹 용기가 나지 않는다면 주일에 교회에 함께 가자고 초대해도 좋겠지? 교회엔 선생님들과 목사님들이 계셔서 도와주실 테니까. 네가 친구를 교회에 데려오면 아빠가 맛있는 떡볶이를 사줄 테니 도전해 보렴. 아니면 우리 집에 초대해서 복음을 전해도 좋겠어. 함께 기도하며 준비해 보자.

Think

다른 사람들에게 하나님이나 예수님에 관해 이야기를 들려준 적이 있나요? 또는 누군가에게 꼭 이야기해 주고 싶다고 생각한 적이 있나요? 그때 마음이 어땠나요? 그때의 마음을 그림이나 글로 표현해 볼까요?

활동 : 친구야, 너를 초대할게(전도 파티 계획 세우기)

준비물 : 필기도구, 색지, 사인펜, 가위, 예쁜 스티커 등

활동 방법 :

· 전도하고 싶은 친구들의 이름을 적어 봅니다.

· 그 친구들에게 예수님을 알리는 전도 파티를 준비합니다.

· 계획표를 만들고 색지, 사인펜, 예쁜 스티커 등을 이용해서 전도 파티
에 초대할 친구에게 전해 줄 초대장를 만들어 봅니다.

★ 전도하고 싶은 친구

————————————

————————————

————————————

★ 전도 파티를 위한 계획표

언제? ——————————————

어디서? ——————————————

무엇을? ——————————————

어떻게? ——————————————

내가 복음을 부끄러워하지 아니하노니

이 복음은 모든 믿는 자에게 구원을 주시는

하나님의 능력이 됨이라

먼저는 유대인에게요

그리고 헬라인에게로다

(로마서 1:16)

큐알(QR)코드로 음원 동영상에 접속한 뒤
악보를 보며 노래로 말씀을 암송해요.

9

전도 (로마서 1장 16절)

내가 복음을

김혜문

내 가 복 - 음을   부 끄 러 워 - 하지   아 니 하 노 니

이 복 음 - - 은   모 든 믿 는 자 에 게   구 원 을 주 시 는

하 나 님 의 - 능 력 이 -   됨 이 라 -   -

먼 저 는 - 유 대 인 에 게 요 -   그 리 고 - 헬 라 인 에 게 로 다 -

먼 저 는 - 유 대 인 에 게 요 -   그 리 고 - 헬 라 인 에 게   로   다

열 번째 만남

10 성령 충만한 생활

오늘의 주제 : 성령 충만이란 무엇이고, 성령 충만하게 사는 것은 어떤 삶인지 배웁니다.

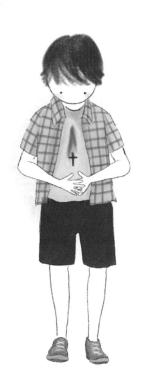

✦ 9과의 암송 구절을 외워 보세요

✦ 함께 이야기를 나눠요

지난주에 전도에 관해 배웠는데, 그동안 실천해 봤나요?

```
┌─────────────────────────────────────────────┐
│                                             │
│                                             │
│                                             │
│                                             │
│                                             │
└─────────────────────────────────────────────┘
```

이제 예수님의 제자로 살아가는 방법을 배울 거예요. 제자는 어떤 사람일까
요? 또 '성령 충만'에 대해 들어본 적 있나요? '성령 충만'이 무엇일까요?

```
┌─────────────────────────────────────────────┐
│                                             │
│                                             │
│                                             │
│                                             │
│                                             │
└─────────────────────────────────────────────┘
```

성령 충만한 생활

◆ 성령 충만이 뭘까요?

성령에 관해서는 3과에서 이미 배웠어요. 그렇다면 성령 충만이란 무슨 뜻
일까요? 성령 충만은 하나님을 믿는 사람의 삶 전체가 전적으로 하나님의
지도 아래 있게 된 상태를 가리켜요. 마치 우리가 물속에 있을 때 물의 지배
를 받는 것과 비슷해요. 성령 충만한 사람은 자기 생각대로 살아가는 사람
이 아니라 오직 하나님으로 충만해져서 하나님의 뜻대로 살아가는 사람이에
요. 그렇다면 누가 우리를 성령 충만하게 하실까요?

성령 = 하나님의 영 =
그리스도의 영
충만 가득 차 있음
(fullness)

1) 예수님이 성령(보혜사)을 보내 주겠다고 약속하셨어요

요한복음 14:16~17

내가 아버지께 구하겠으니 그가 또 다른 보혜사를 너희에게 주사 영원
토록 너희와 함께 있게 하리니 그는 진리의 영이라 세상은 능히 그를
받지 못하나니 이는 그를 보지도 못하고 알지도 못함이라 그러나 너희
는 그를 아나니 그는 너희와 함께 거하심이요 또 너희 속에 계시겠음
이라

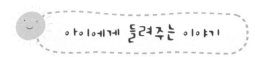

승천 몸이 하늘로 올려
짐

예수님은 십자가에 달리실 때가 가까운 걸 아시고, 제자들에게 앞으로 닥칠 일
들에 관해 얘기해 주셨어. 자신이 십자가에 달려 죽으신 후 3일 만에 부활하여
하나님 나라로 승천할 것을 미리 말씀해 주셨어.
하지만 제자들은 예수님의 말씀을 제대로 알아듣지 못하고, 걱정하며 염려했
어. 예수님은 제자들에게 예수님이 하나님의 곁으로 가더라도 보혜사 성령을
보내어 그들과 영원히 함께하실 것이라고 약속하셨단다.

2) 성령이 왜 우리에게 오셔야만 했을까요? 요한복음 16:13~15에서 찾아볼까요?

. . . .

. . . .

요한복음 16:13~15

그러나 진리의 성령이 오시면 그가 너희를 모든 진리 가운데로 인도하
시리니 그가 스스로 말하지 않고 오직 들은 것을 말하며 장래 일을 너

희에게 알리시리라 그가 내 영광을 나타내리니 내 것을 가지고 너희에게 알리시겠음이라 무릇 아버지께 있는 것은 다 내 것이라 그러므로 내가 말하기를 그가 내 것을 가지고 너희에게 알리시리라 하였노라

아이에게 들려주는 이야기

예수님은 십자가에 달려 죽으신 지 3일 만에 부활하여, 제자들과 40일을 함께 보낸 후, 하늘로 올라가실 때 성령이 오실 것을 약속하셨어.

제자들은 예수님의 약속을 믿고 마가의 다락방에 모여 성령이 오실 것을 기대하며 함께 기도했어. 그런데 어느 날 갑자기 혓바닥이 갈라지는 것처럼 보이는 불길이 각 사람에게 임하고, 그들이 모두 다른 나라 말로 방언하기 시작했어. 나중에 사도 바울은 이방 사람들에게도 성령이 임하시는 것을 봤단다.

지금도 마찬가지로, 성령님이 우리를 찾아와 우리 삶을 새롭게 하신단다. 성령님은 우리에게 믿음을 더해 주시고, 우리의 연약함을 도와주셔.

이처럼 우리 안에 계신 성령님 덕분에 능력 있는 그리스도인으로 살 수 있게 되었단다.

◆ 왜 성령 충만을 받아야 할까요?

1) 우리는 죄짓는 것을 피할 수 없기 때문이에요

우리가 예수님을 믿고 새로운 생활을 시작하더라도 이 세상에서 사는 한 죄짓는 것을 피할 수 없어요. 말씀대로 살려고 노력하고 착한 일을 하려고 아무리 애써도 다른 친구와 나를 끊임없이 비교하고 질투하고 내 마음에 맞지 않는 사람을 미워하지 않나요? 부모님 말씀에 순종하지 않고 내 마음대로

행동할 때도 많지 않나요? 사도 바울도 "오호라 나는 곤고한 사람이로다 이 사망의 몸에서 누가 나를 건져내랴"(로마서 7:24)라고 탄식했어요.

2) 죄짓고 싶은 마음의 갈등을 갈라디아서 5:17은 어떻게 묘사하고 있나요?

· ·

· ·

육체의 소욕 육체의 욕심
성령을 거스르다 성령의 뜻에 반대되는 태도를 취하다
육체를 거스르다 육체의 타락한 본능에 반대되는 태도를 취하다
대적 적을 마주 대함

갈라디아서 5:17
육체의 소욕은 성령을 거스르고 성령은 육체를 거스르나니 이 둘이 서로 대적함으로 너희가 원하는 것을 하지 못하게 하려 함이니라

아이에게 들려주는 이야기

주일날 아침 일찍 엄마가 누리를 깨우셨어.

"누리야, 예배에 늦겠다. 어서 일어나야지."

누리는 눈을 뜨기가 너무 힘들었어. 너무 추워서 이불에서 나오기가 싫었단다. 이불을 돌돌 만 채로 누워서 생각했어.

'아이, 추워. 좀 더 자고 싶은데, 엄마한테 아프다고 거짓말할까? 아니야. 거짓말하면 하나님이 슬퍼하실 텐데…'

마음속에서 두 가지 생각이 다퉜어.

'오늘은 아프다고 핑계 대고 빠지고, 다음 주에 꼭 가야지' 하고 결심하고 아픈 척하려고 하는데, 지난밤에 외운 갈라디아서 5장 17절 말씀이 머릿속에 떠올랐단다. "육체의 소욕은 성령을 거스르고 성령은 육체를 거스르나니…" 그러

자 더 이상 누워 있을 수가 없었어.

'맞아. 잠을 더 자겠다고 성령님을 슬프시게 할 수는 없지.'

누리는 벌떡 일어나 세수하고 아침 먹고 깨끗한 옷으로 갈아입고 나서 교회로 달려갔어. 그리고 하나님께 감사 기도를 드렸어.

"하나님, 사탄의 속임수에 넘어가지 않고 승리하게 해 주셔서 감사해요. 말씀에 순종하게 해주셔서 감사해요."

누리는 기쁘고 감사한 마음으로 예배를 드렸단다.

◆ 성령 충만을 받으려면 어떻게 해야 할까요?

1) 성령 충만을 받기 위해 간절히 바라고 구해야 해요

성령 충만은 오직 믿음으로만 받을 수 있어요. 진실한 기도는 믿음을 표현하는 방법이에요. 성령 충만을 달라고 간절히 기도해 보아요.

2) 죄를 회개하고 자신을 깨끗이 해야 해요

하나님은 우리 죄를 용서하고 모든 잘못을 깨끗하게 하시는 분이에요. 하나님께 우리 죄를 인정하고, 그 죄가 예수 그리스도의 십자가 피로 용서받은 것을 믿음으로써 죄를 버리고 새롭게 살 수 있어요.

> 요한일서 1:9
>
> 만일 우리가 우리 죄를 자백하면 그는 미쁘시고 의로우사 우리 죄를 사하시며 우리를 모든 불의에서 깨끗하게 하실 것이요

3) 하나님께 나의 생활을 모두 맡겨야 해요

나의 욕심과 생각을 버리고, 하나님의 뜻을 따라 살아가는 것을 말해요.

◆ 성령 충만을 받은 결과는 무엇일까요?

그리스도의 성품 예수님
이 태어날 때부터 가지고
있는 본성

1) 일상생활에서 예수님의 성품이 드러나요

성령의 열매가 곧 예수님의 성품이에요. 갈라디아서 5:22~23을 읽고 아래
에 성령의 열매들을 적어 볼까요?

....

....

희락 기쁨과 즐거움
자비 남을 깊이 사랑하고
가엾게 여김
양선 어질고 착함
충성 진정에서 우러나오
는 정성
온유 성격이나 태도가 온
화하고 부드러움
절제 정도에 넘치지 않도
록 알맞게 조절하여 제한
함

갈라디아서 5:22~23

오직 성령의 열매는 사랑과 희락과 화평과 오래 참음과 자비와 양선과
충성과 온유와 절제니 이 같은 것을 금지할 법이 없느니라

2) 복음을 담대히 전할 수 있어요

사도행전 4:31

빌기를 다하매 모인 곳이 진동하더니 무리가 다 성령이 충만하여 담대
히 하나님의 말씀을 전하니라

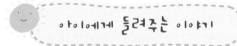

아이에게 들려주는 이야기

성령 충만하면 마음속 깊은 곳에서부터 기쁨과 감사가 넘친단다. 가는 곳마다
평화가 있고 힘든 일이 있어도 견디어 낼 힘이 생기고, 사람들을 대할 때도 겸
손하고 부드럽고 친절하게 대하게 돼. 내 맘대로 사는 것이 아니라 하나님이
기뻐하시는 삶을 살게 되는 거야. 혹시라도 죄를 지어도 성령님이 우리 속에서

근심하며 죄를 회개하도록 도와주신단다. 죄로 인해 우리가 하나님과 멀어지지 않도록 성령님께서 중보해 주시는 거야. 성령 충만하여 예수님을 닮아 가고 아름다운 열매를 맺는 어린이가 되지 않겠니?

예수님을 만나기 전과 예수님을 만나고 난 후 자신이 어떻게 달라진 것 같나요? 혹은 성령 충만을 경험한 적이 있나요? 성령 충만하지 못했을 때와 성령 충만했을 때의 모습을 그림이나 글로 표현해 보아요.

Before
(성령 충만하지 못했을 때)

After
(성령 충만했을 때)

 활동 : 성령의 열매, 맛있는 열매(열매 샐러드 만들기)

준비물 : 다양한 과일, 견과류, 요거트, 그릇, 숟
가락 등

활동 방법 :

• 갈라디아서 5:22~23을 읽고 성령의 9가지 열
매에 관해 생각해 봅니다.

• 그릇에 다양한 과일과 견과류를 넣고, 요거트를 드레싱으로 붓습니다.

• 우리 삶에도 성령의 열매가 맺히도록 기도하면서 샐러드를 맛있게 먹
습니다.

10과 말씀 암송

오직 성령의 열매는

사랑과 희락과 화평과

오래 참음과 자비와 양선과

충성과 온유와 절제니

이 같은 것을 금지할 법이 없느니라

(갈라디아서 5:22~23)

큐알(QR)코드로 음원 동영상에 접속한 뒤
악보를 보며 노래로 말씀을 암송해요.

10

성령 충만한 생활 (갈라디아서 5장 22-23절)

오직 성령의 열매는

김효정

오 - 직 성 령의 - 열 매 는 - 사 랑과 - 희 락과 - 화 평 과 -

오 - - - 래 참 음 과 자 비 와 - 양 선 과 -

- 충 성 과 온 유 와 - 절 제 니 -

이 같은 - 것 - 을 - 금 지할 - 법 - 이 - 없 - 느 - - 니 - 라 -

11 열한 번째 만남
시험을 이기는 생활

오늘의 주제 : 하나님의 뜻을 따르지 못하게 하는 유혹과 시험이 무엇인지 살펴보고, 그 시험을 어떻게 이기는지 나누고 배웁니다.

10과의 암송 구절을 외워 보세요

함께 이야기를 나눠요

성령 충만을 위해 기도하며 일주일 동안 잘 지냈나요? 성령 충만을 경험한 적이 있나요?

하나님의 뜻을 따르지 못하게 유혹하는 것들이 있나요? 아니면 하나님보다 더 많이 생각하는 것이 있나요?

시험을 이기는 생활

그리스도인은 세상을 살면서 하나님의 뜻을 따르지 못하게 하는 여러 가지 시험들을 만나요. 하나님을 거스른 사탄이 하나님의 자녀들을 끊임없이 유혹하고 방해하기 때문이에요. 사탄이 직접 공격하기도 하고, 다른 것을 통해서 우리를 넘어뜨리기도 해요. 하나님은 이러한 시험을 통해서 우리 안에 있는 죄와 허물을 깨닫게 하세요. 하나님은 우리가 시험을 이기고, 날마다 하나님의 뜻대로 살아가기를 원하세요.

◆ 시험이 뭘까요? 시험 하면 어떤 것이 떠오르나요?

....

....

성경에서 말하는 시험은 여러 가지에요. 각 시험이 어떻게 다른지 살펴볼까요?

1) 하나님께서 하시는 평가(test)라는 시험이 있어요. 우리가 어떤 일에 자격
   이 있는지 알아보고자 하시는 것이죠. 하나님은 이 시험을 통해 우리의 신
   앙을 성숙시켜 가세요. 창세기 22:1에서 찾아볼 수 있어요.

   창세기 22:1
   그 일 후에 하나님이 아브라함을 시험하시려고 그를 부르시되 아브라
   함아 하시니 그가 이르되 내가 여기 있나이다

2) 사탄으로부터 오는 유혹(temptation)이라는 시험도 있어요. 우리가 유혹이
   라는 시험을 받는 이유가 무엇일까요? 그 이유를 야고보서 1:13~14에서 찾
   아보아요.

....

....

....

   야고보서 1:13~14
   사람이 시험을 받을 때에 내가 하나님께 시험을 받는다 하지 말지니 하

나님은 악에게 시험을 받지도 아니하시고 친히 아무도 시험하지 아니하시느니라 오직 각 사람이 시험을 받는 것은 자기 욕심에 끌려 미혹됨이니

미혹되다 무엇에 홀려 정신을 차리지 못하다

※ 위 두 가지 시험 중에 오늘은 주로 유혹이라는 시험에 관해 알아볼 거예요.

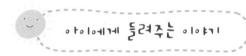

아이에게 들려주는 이야기

예수님도 우리처럼 시험을 받으신 적이 있어. 세례 요한에게서 세례를 받은 예수님이 성령에 이끌려 광야로 가서 40일 동안 금식을 하셨는데, 그때 마귀가 예수님께 말을 걸었단다.

"이봐, 예수! 배고프지? 만일 네가 하나님의 아들이라면, 여기 있는 돌들로 떡덩이가 되게 해 봐."

예수님이 말씀하셨어.

"말씀에 기록되기를, 사람이 떡으로만 살 것이 아니요 하나님의 입으로부터 나오는 모든 말씀으로 살 것이라 하였다."

마귀는 포기하지 않고 예수님을 거룩한 성으로 데려가 성전 꼭대기에 세우고 말했어.

"네가 만일 하나님의 아들이라면, 여기서 뛰어내려 봐. 그럼 하나님이 천사들을 보내서 너를 다치지 않게 하실 것 아니냐?"

예수님이 대답하셨어.

"말씀에 기록되었으되 주 너의 하나님을 시험하지 말라 하였다."

마귀가 약이 올라 예수님을 지극히 높은 산으로 데려가 온 세상의 영광을 보여

주며 속삭였단다.

"만일 네가 나한테 엎드려 절하면, 내가 이 모든 것을 네게 줄 것이다."

하지만 예수님은 사탄을 엄하게 꾸짖으셨어.

"사탄아, 물러가라. 말씀에 기록되기를, 주 너의 하나님께 경배하고 다만 그를 섬기라 하였다."

그제야 비로소 마귀가 떠나가고 천사들이 와서 예수님께 수종을 들었단다.

◆ 누가 이 시험을 이기게 하실까요?

자신의 생각을 적어 볼까요?

....

....

....

누가 이 시험을 이기게 하시고 어떻게 이기게 하시는지 고린도전서 10:13 에서 찾아볼까요?

....

....

고린도전서 10:13

사람이 감당할 시험 밖에는 너희가 당한 것이 없나니 오직 하나님은 미쁘사 너희가 감당하지 못할 시험 당함을 허락하지 아니하시고 시험 당할 즈음에 또한 피할 길을 내사 너희로 능히 감당하게 하시느니라

◆ **시험에 들지 않으려면 무엇을 해야 할까요?**

1) 시험(유혹)에 들지 않게 기도해야 해요

> 마태복음 6:13
>
> 우리를 시험에 들게 하지 마시옵고 다만 악에서 구하시옵소서(나라와 권세와 영광이 아버지께 영원히 있사옵나이다 아멘)

2) 말씀을 늘 기억하고 말씀대로 살려고 노력해야 해요

> 시편 119:11
>
> 내가 주께 범죄하지 아니하려 하여 주의 말씀을 내 마음에 두었나이다

3) 하나님이 이기게 해 주신다는 믿음을 가져야 해요

> 요한일서 5:4
>
> 무릇 하나님께로부터 난 자마다 세상을 이기느니라 세상을 이기는 승리는 이것이니 우리의 믿음이니라

4) 하나님께 복종하고 마귀에 대적해야 해요

> 야고보서 4:7
>
> 그런즉 너희는 하나님께 복종할지어다 마귀를 대적하라 그리하면 너희를 피하리라

대적 적을 마주 대함

어떻게 하면 하나님의 뜻을 따를 수 있을까요? 하나님의 뜻을 따르기 위해 할 수 있는 것은 무엇일까요? 하나님의 뜻을 따르지 못하게 하는 것이 있는지 생각해 보고, 어떻게 하면 순종할 수 있을지 나의 다짐을 적어 보아요.

★ 나의 다짐

나는 하나님의 뜻을 따르기 위해

.... 하지 않겠습니다.

.... 하지 않겠습니다.

.... 하지 않겠습니다.

.... 하지 않겠습니다.

.... 하지 않겠습니다.

.... 하겠습니다.

.... 하겠습니다.

.... 하겠습니다.

.... 하겠습니다.

.... 하겠습니다.

이름 .... (서명)

활동 : 하나님의 뜻만 따를래요(볼링 게임)

준비물 : 페트병 여러 개, 작은 공, 포스트잇 등

활동 방법 :

• 하나님의 뜻을 따르지 못하게 하는 것들이 무엇인지 생각해 본 뒤, 포
  스트잇에 씁니다.

• 페트병에 작성한 포스트잇을 붙여서 볼링 핀을 만듭니다.

• 공을 굴려서 페트병을 쓰러뜨리는 볼링 게임을 합니다.

• 페트병을 다 쓰러뜨리고 나면, 날마다 하나님만 따라갈 것을 다짐합니다.

11과 말씀 암송

사람이 감당할 시험 밖에는

너희가 당한 것이 없나니

오직 하나님은 미쁘사

너희가 감당하지 못할

시험 당함을 허락하지 아니하시고

시험 당할 즈음에 또한 피할 길을 내사

너희로 능히 감당하게 하시느니라

(고린도전서 10:13)

큐알(QR)코드로 음원 동영상에 접속한 뒤
악보를 보며 노래로 말씀을 암송해요.

11

시험을 이기는 생활 (고린도전서 10장 13절)

사람이 감당할 시험 밖에는

김혜문

사 람 이 감당할 시험 밖에는 너희 가 당한 것이 없나 니　오

직 하나님 - 은 미쁘 사 너희 가 감당하지 못

할 시험 당함을 허락 하지아니하시 고

시 험 당할 즈 음에 - 또 한 피할길을내 사 너 희

로 능 히너희로 능히 감당하 게하시느니 라

열두 번째 만남

12

순종하고 사역하는 생활

오늘의 주제 : 하나님의 말씀에 순종하는 것이 무엇인지 배우고 예수님의 제
자로 살아갑니다.

11과의 암송 구절을 외워 보세요

 함께 이야기를 나눠요

지난주에 시험(유혹)에 관해 배웠는데, 자신에게 어떤 시험이 있었는지 적어 보아요. 한 주 동안 시험을 잘 이겨냈다면 어떻게 이겨냈는지도 적어 볼까요?

하나님의 말씀에 순종하여 행동해 본 적이 있나요? 있다면 어떤 행동을 했나요? 그때 기분이 어땠나요?

순종하는 생활

그리스도인으로서 자기 믿음을 지키는 데서 그치지 않고 주님의 일을 적극적으로 하려면 예수님께 순종하는 자세가 필요해요. 예수님께 순종하려면 먼저 주님을 따라야 해요.

"나를 따라오라 내가 너희를 사람을 낚는 어부가 되게 하리라"(마태복음 4:19).

예수님을 따른다는 것은 나를 위한 예수님의 계획과 뜻을 받아들인다는 뜻이에요. 즉 때로는 내 계획과 생각과 뜻이 다르더라도 무조건 예수님의 뜻에 따르고 복종한다는 뜻이랍니다.

◆ 순종이 무엇일까요? 또 누구에게 순종하는 걸까요? 자신의 생각을 적어 볼까요?

....

....

1) 순종이 어떤 의미인지 성경에서 찾아보아요. 누가복음 5:5에서 베드로는 밤새 무엇을 했나요? 그때 베드로는 어떤 마음이었을까요?

....

....

누가복음 5:5에서 베드로는 예수님께 어떻게 순종했나요?

....

....

누가복음 5:5
시몬이 대답하여 이르되 선생님 우리들이 밤이 새도록 수고하였으되 잡은 것이 없지마는 말씀에 의지하여 내가 그물을 내리리이다 하고

2) 그리스도인으로서 주님께 순종하기 위해 어떤 자세가 필요한지 누가복음 9:23에서 찾아볼까요?

· ·

· ·

누가복음 9:23

또 무리에게 이르시되 아무든지 나를 따라오려거든 <u>자기를 부인하고 날마다 제 십자가를 지고 나를 따를 것이니라</u>

Think

"자기를 부인하고 날마다 제 십자가를 지고 나를 따를 것이니라"가 무슨 뜻일까요? 다음에 나오는 누리의 이야기를 읽고 생각해 보아요.

😊 아이에게 **들려주는** 이야기

5학년 5반 누리네 반에 몸이 불편한 예조라는 친구가 전학 왔어. 선생님이 교무실로 누리를 부르셨어.

"누리야, 네가 예조와 짝이 되어 주면 좋겠구나. 수업이 끝나면 네가 예조를 집에 데려다주고, 숙제나 어려운 공부도 도와주면 어떨까?"

선생님의 말씀에 누리는 너무 당황스러웠단다.

'그럼, 아이들과 축구도 못하고, 피시방도 맘대로 못 가고, 공부도 제대로 못 할 텐데…'

하지만 곧 마음을 바꾸었단다.

'하나님이 내게 예조를 돌봐 주라고 하신 데엔 이유가 있을 거야. 힘들겠지만 순종해야지.'

누리는 하나님의 뜻에 기쁘게 순종하기로 했어. 선생님께 웃으며 대답했어.

"선생님, 제가 예조의 좋은 친구가 될게요. 저한테 맡겨 주셔서 감사해요."

선생님은 누리의 대답을 듣고 깜짝 놀라셨어.

"누리야, 예조를 돌봐 주겠다는 아이가 아무도 없어서 걱정했는데, 네가 그렇게 말해 주니 선생님이 든든하구나. 역시 누리는 하나님을 믿는 친구라 다른 것 같아."

누리는 예조의 짝이 되어 친구가 불편하지 않도록 잘 도왔어. 둘은 좋은 친구가 되었지. 누리는 이전보다 더욱 부지런해지고 공부도 더 열심히 하고 친구들과도 더 즐겁게 어울려 놀았단다.

주님께 순종하기 위해서는 나의 욕심을 버리고, 죄짓게 만드는 유혹에 빠지지 않도록 마음을 잘 지키는 것이 중요해. 하나님의 뜻을 거스르는 것은 마음에 두지 않아야 한단다.

◆ 하나님은 순종하는 자녀에게 복을 주세요

아빠나 엄마가 어떤 것을 하라고 했을 때, 때로는 왜 그 일을 하라고 하는지 이해가 안 되고 하기 싫을 때도 있었을 거에요. 그래도 순종하여 아빠나 엄마의 마음을 기쁘게 해 드린 적이 있나요? 그런 적이 있다면 적어 볼까요?

· ·

· ·

마찬가지로 하나님도 순종하는 자녀에게 복을 주신답니다. 요한복음 14:23을 보면 하나님이 어떤 복을 주시나요?

....

....

요한복음 14:23

예수께서 대답하여 이르시되 사람이 나를 사랑하면 내 말을 지키리니 내 아버지께서 그를 사랑하실 것이요 우리가 그에게 가서 거처를 그와 함께 하리라

요한복음 15:10을 보면 하나님이 순종하는 자녀에게 어떤 복을 주시나요?

....

요한복음 15:10

내가 아버지의 계명을 지켜 그의 사랑 안에 거하는 것 같이 너희도 내 계명을 지키면 내 사랑 안에 거하리라

요한복음 15:14을 보면 하나님이 순종하는 자녀에게 어떤 복을 주시나요?

....

요한복음 15:14

너희는 내가 명하는 대로 행하면 곧 나의 친구라

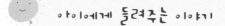

아이에게 **들려주는** 이야기

성경에는 믿음의 사람들이 많이 등장한단다. 노아는 하나님의 경고를 듣고 믿음으로 방주를 만들어 가족과 함께 구원을 받았고, 아브라함은 부르심을 받았을 때 믿음으로 순종하여 하나님께 후손과 땅을 약속받았지. 아브라함과 사라는 나이가 많아서 아기를 가질 수 없었는데도 믿음으로 약속의 아들 이삭을 낳았단다. 아브라함은 하나님이 이삭을 제물로 바치라고 하셨을 때도 믿음으로 순종했어. 결국 이삭이 아버지 아브라함으로부터 하나님의 약속을 물려받았단다.

이외에도 성경에는 하나님께 순종하여 복을 받은 사람들의 이야기가 많이 있어. 우리도 하나님의 말씀에 순종하여 살면 하나님의 사랑을 마음껏 누리며 살아갈 수 있단다.

Think

하나님께 순종해야 할 일이 있는지 생각해 보고 한번 적어 볼까요?

사역하는 생활

예수님을 따르며 순종하는 사람은 예수님이 하신 것과 같은 일을 할 수 있어요. 예수님의 제자가 된 우리는 집, 교회, 학교 등 자기가 있는 곳 어디에서나 빛과 소금으로 살아야 한답니다.

◆ 그리스도인은 저마다 교회에서 할 일이 있어요

아이에게 **들려주는** 이야기

누리가 다니는 주일학교에는 아이마다 맡겨진 역할이 있단다. 이끄미는 조별로 활동할 때 조장 역할이고, 도우미는 새로 온 친구나 어려움을 겪는 친구들을 돕는 역할이고, 칭찬이는 친구들을 칭찬해 주는 역할이고, 웃음이는 분위기 메이커 역할이고, 깔끄미는 조별 활동 후에 뒷정리하는 역할이야.

누리는 그중에 깔끄미가 되었어. 사실, 누리는 이끄미가 되고 싶었기 때문에 기분이 썩 좋지 않았어.

선생님이 누리를 부르셨어.

"누리야, 무슨 일 있니?"

"아니요. 아무 일도 없어요."

누리가 아무 말도 안 했는데, 선생님이 어떻게 아셨는지 이렇게 말씀하셨어.

"누리야, 깔끄미가 되어서 기분이 별로 안 좋은 모양이구나?"

"어, 선생님, 어떻게 아셨어요?"

"네 얼굴에 다 쓰여 있는걸?

누리가 말했어.

"선생님, 솔직히 깔끄미가 제일 힘들잖아요. 애들 뒤치다꺼리나 하고요."

선생님이 말씀하셨어.

"누리야. 교회에서는 좋은 역할, 나쁜 역할이 따로 없단다. 선생님은 누리가 정리 정돈을 잘하는 걸 보고, 꼭 깔끄미가 되어 주면 좋겠다고 생각했어. 누리가 깔끄미가 된 후로 우리 반이 얼마나 깨끗해졌니?"

누리는 기분이 조금 나아졌어.

"누리야, 하나님이 사람들에게 저마다 다른 은사를 선물로 주셨단다. 어느 것이 더 좋고, 덜 좋다고 할 수 없어. 그냥 다른 것일 뿐이야. 하나님이 주신 은사를 각자 잘 사용해서 아름답게 하나 되는 것을 하나님이 기뻐하실 거야."

선생님의 말씀을 듣고 나니 누리의 생각이 달라졌어. 하나님이 누리에게 깨끗하게 정리 정돈하는 은사를 주신 게 맞는 것 같다고 생각했어. 그래서 앞으로는 즐거운 마음으로 깔끄미 역할을 잘하겠다고 다짐했단다.

Think

교회에서 맡은 일이 있나요? 위의 이야기를 들으며 어떤 생각이 들었나요?

◆ **하나님을 믿는 사람은 어려운 이웃을 돕고 섬기는 일을 해야 해요**

성경은 하나님을 믿는 사람들이 세상에서 빛과 소금의 역할을 해야 한다고 말하고 있어요.

마태복음 5:13
너희는 세상의 소금이니 소금이 만일 그 맛을 잃으면 무엇으로 짜게 하리요 후에는 아무 쓸 데 없어 다만 밖에 버려져 사람에게 밟힐 뿐이니라

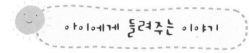

아이에게 들려주는 이야기

하나님은 우리가 교회에서 예배를 잘 드리고, 서로 사랑하고 섬기는 것도 기뻐하시지만, 우리가 있는 어느 곳에서나 예수님의 향기를 전하기를 원하신단다. 성경에서 예수님은 우리에게 세상의 빛과 소금이 되라고 말씀하셨어. 빛은 어

두움을 밝히는 역할을 하고, 소금은 음식이 상하지 않게 하는 역할을 하잖아. 우리가 있는 곳이 어디든지 우리를 통해서 하나님의 말씀이 이루어지도록 순종하자.

Think

학교나 이웃을 위해서 어떤 일을 할 수 있을까요?

예수님의 성숙한 제자로 살아가기

◆ **예수님의 제자 하면 어떤 모습이 떠오르나요?**

. . . .

. . . .

누가복음 2:52은 예수님의 제자가 어떤 모습으로 성장해야 하는지 알려줘요. 적어 볼까요?

. . . .

. . . .

누가복음 2:52
예수는 지혜와 키가 자라가며 하나님과 사람에게 더욱 사랑스러워 가시더라

★ 인간으로 오신 예수님은 이 땅에서 자라면서 지적, 영적, 신체적, 사회적으로 모든 면에서 성장하셨어요. 예수님의 제자인 우리도 지적, 영적, 신체적, 사회적으로 모든 면에서 성장해야 해요. 어떻게 하면 고루 성장할 수 있는지 알아볼까요?

- 예수님의 제자로서 살기 위해서는 열심히 공부하여 실력을 길러야 해요.
- 예수님의 제자로서 주일학교 예배에 잘 참석하고, 말씀 공부도 열심히 해야 해요.
- 예수님의 제자로 살려면, 규칙적으로 운동하여 건강을 잘 지켜야 해요.
- 예수님의 제자로서 학교에서 친구들과 사이좋게 지내고, 주변에 선한 영향력을 끼쳐야 해요.

예수님의 제자로 살기 위해 실천할 수 있는 계획을 세워 볼까요?

- 공부 :

- 신앙 :

- 건강 :

- 친구 사귀기 :

- 기타 :

활동 : 나는 예수님의 제자(세족식)

준비물 : 양초, 소금, 세숫대야, 물, 수건, 음악 등

활동 방법 :

· 소금을 손에 살짝 찍어서 맛을 봅니다. 그리고 소금 같은 삶을 살기로
  다짐합니다.

· 양초에 불을 켜고, 어둠을 밝히는 빛의 삶을 살기로 다짐합니다.

· 초에 불을 켠 채로 잔잔한 음악을 틀고 부모님이 자녀에게 세족식을
  합니다.

· 가족이 모두 예수님의 제자로 살아갈 것을 다짐하며 함께 찬양합니다.

12과 말씀 암송

또 무리에게 이르시되

아무든지 나를 따라오려거든

자기를 부인하고 날마다 제 십자가를 지고

나를 따를 것이니라

(누가복음 9:23)

큐알(QR)코드로 음원 동영상에 접속한 뒤
악보를 보며 노래로 말씀을 암송해요.

12

또 무리에게 이르시되

송 다온

또 무리에게 이르시되 아무

든지 나를따라 오려거든

자 - 기를 - 부인하고 -

날 - 마다 - 제십자가를 - 지고 - -

나를 - 따 - 를것 - 이니라 -

나를 - 따 - 를것 - 이니라 -

어린이 일대일 제자양육을 마친 너에게

지난 12주 동안 선생님과 함께 예수님을 알아가며 예수님의 제자로 살기 위한 많은 것들을 배웠죠? 우리는 예수님을 믿음으로써 구원받은 것을 확인했을 뿐만 아니라 하나님의 성품에 관해서도 배웠어요. 이 신앙을 기초로 성경이 하나님 말씀이라는 사실을 배웠고, 하나님과 대화하는 기도에 관해서도 배웠어요. 그리고 나니 세상을 보는 자세가 달라진 것 같지 않나요?

예배를 통해 하나님과 교제하고, 교회에서 친구들과 교제하는 것은 매우 중요해요. 믿지 않는 가족과 친구들에게 예수님을 전하는 것이 얼마나 중요한지 몰라요. 성령 충만한 삶은 우리를 끊임없이 넘어뜨리려고 하는 사탄의 시험을 이기는 비결이에요. 예수님을 따르는 제자가 되려면 예수님께 순종하고, 예수님이 우리에게 맡기신 일(사역)을 기쁘게 하기로 결심해야 해요.

그동안 배운 것을 생각하며 학교, 가정, 교회에서 예수님의 제자로 어떻게 살아야 할지 다시 한 번 다짐해 보아요.

이 과정을 모두 마치느라 수고 많았어요!

인도자를 위한 지침

《어린이 일대일 제자양육》은 어린 그리스도인들을 훈련시키기 위해서 쓰였습니다. 한 세대가 다음 세대와 말씀 안에서 대화하고 삶을 나눔으로써 다음 세대에게 믿음의 유산을 물려주고 신앙을 전수하도록 돕습니다(신 11:19).

이 책의 구성 요소

1. 오늘의 주제

각 과에서 다루려는 핵심주제와 양육목적을 소개합니다.

2. 함께 이야기를 나눠요

어린이들이 각 과의 주제에 대해 흥미를 갖고 스스로 생각하는 것을 돕기 위해 질문합니다.

3. 본문

주제를 소개하고 설명하며 답을 찾아가도록 단계적으로 돕습니다. 쉬운 이해를 위해 용어해설과 〈아이에게 들려주는 이야기〉를 제공합니다.

4. 활동

각 과 주제마다 부합되는 활동과제를 제시합니다. 자녀와 함께 하는 특별한 시간을 통해 친밀감을 높이고 풍성하게 나누며 즐거움을 더합니다.

5. 말씀 암송/노래 부르기

각 과의 핵심 주제와 연관된 말씀 구절을 제시하고 암송하도록 합니다. 특별히 말씀 구절을 노래로 재미있게 효과적으로 암송할 수 있도록 악보와 음원을 제공합니다. 함께 노래를 배우고 부르며 말씀을 암송할 수 있습니다(유튜브에서 '온함성 어린이 일대일'로 검색해 보세요).

어린이 일대일 제자양육의 기본 원칙

1. 일대일로 만나십시오. 한 영혼으로서 아이와 인격적으로 만날 때, 그것을 통해 아이일지라도 하나님과의 인격적인 만남을 배우게 됩니다.

2. 교재의 모든 내용을 한꺼번에 가르치지 말고 한 번에 한 과씩 하십시오.

3. 매 과목을 시작하기 전에 일대일의 선박 키(조타기) 그림을 설명해 주십시오. 예수 그리스도가 다스리는 삶의 성경적인 구조와 신앙의 각 요소를 이해하게 됩니다.

4. 구원의 확신이 가장 중요합니다. 말씀을 통해 믿음의 자녀는 이미 구원 받았음을 확인시켜 주십시오.

5. 삶을 나누십시오. 이때 아이를 먼저 이해하고 감정을 받아 주는 것이 무엇보다 중요합니다. 아이에게 상처를 주었다면 용서를 구하십시오. 용서를 구하는 일은 관계 회복의 첫 관문입니다.

6. 가르치는 것에만 치우치지 않도록 철저하게 준비하십시오. 특히 아이가 생각하고 말할 수 있도록 도와주십시오. 다른 사람에게 설명할 수 있는 지식이 최고의 지식이며 배움입니다.

7. 인내심을 가지고 영적인 요구에 민감하게 대처하십시오. 아이의 수용 능력을 살피면서 진행하십시오.

8. 각 과의 말씀 암송 과제를 완성해 오면 기회 있을 때마다 격려해 주십시오.

9. 이 과정을 마칠 때쯤이면 예수님의 제자로서 새로운 삶을 살게 될 것이라고 말해 주십시오. 세상에 나아가 빛과 소금의 역할을 감당할 아이에게 영적 자신감이 생길 것입니다.

10. 어린이 일대일은 가정에서 부모(특히 아버지)가 자녀를 가르치는 것을 원칙으로 권면합니다. 하지만 가정의 상황에 따라 할아버지, 할머니, 주일학교 교사도 어린이의 양육자가 될 수 있습니다.

어린이 일대일 제자양육 키 그림을 그리는 방법

1. 원 안에 작은 원을 그리십시오. 작은 원 안에 '예수님'이라고 쓰십시오.

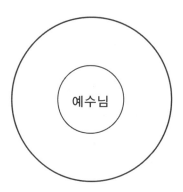

"작은 원은 예수님을 영접한 사람이야. 예수 그리스도를 마음의 중심에 둔 삶에 관해 공부할 거란다."

2. 작은 원 바깥에 두 번째 원을 하나 더 그리고, 반을 나누어 위쪽에 '구원의 확신'이라고 쓰고 아래쪽에는 '하나님의 성품'이라고 쓰십시오.

"우리는 이제 네 삶 속에 계시는 예수님을 알 수 있는 방법과 네가 하나님의 자녀임을 확신하는 것에 관해 공부할 거야. 그리고 하나님의 자녀로서 하나님이 어떤 성품을 갖고 계신지 공부할 거란다."

3. 그림에 살을 그려 넣고, 다음 여덟 낱말을 쓰며 설명해 주십시오.

a. **성경**

"우리는 성경을 통해 하나님을 알 수 있어. 하나님은 성경을 통해 우리에게 이야기하신단다. 성경은 그리스도인의 생활을 위한 기본적인 지침서야. 성경 공부 방법에 관해 배우게 될 거야."

b. **기도**

"우리는 기도로 하나님과 대화할 수 있어. 성경을 통해 하나님의 말씀을 듣고 기도로 말씀드림으로써 하나님과 더 친해지고 가까워진단다."

c. **교제**

"하늘에 계신 하나님과 올바른 관계를 맺을 때, 땅에 있는 사람들과도 올바른 관계를 맺을 수 있어. 예수님을 믿는 우리는 예수님 안에서 서로 돌보고 도와주어야 해."

d. **전도**

"하나님을 믿지 않는 사람들에게 예수님을 전해야 해. 그 사람들도 하나님을 믿고 구원받을 수 있도록 전도하는 방법을 공부해 보자."

e. 성령 충만

"성령 충만한 생활이 무엇인지 알아보고, 성령께서 다스리시고, 예수님 중심의 삶을 살 수 있는 방법에 관해 공부하자."

f. 시험

"시험을 받지 않는 사람은 아무도 없어. 하지만 하나님이 우리를 구원하신단다. 영적인 싸움에 대해 성경이 어떻게 가르치는지 공부해 보자."

g. 순종

"예수님 중심의 삶을 살려면, 모든 가르침을 좋은 마음으로 받아들여야 해."

h. 사역

"순종하면 하나님이 우리에게 예수님의 새로운 일을 맡겨 주신단다."

4. 두 번째 원 바깥에 원을 하나 더 그리고 나서 '예수님이 다스리는 삶'이라고 쓰십시오.

"하나님을 알고 하나님의 말씀에 순종하는 사람은 삶의 모든 부분에서 주님의 가르침을 받아들여야 해. 그게 바로 예수님 중심의 삶이란다."

5. 가장 바깥쪽 원의 테두리에 '손잡이'를 그려 넣으면 선박 키가 완성됩니다.

"이 그림은 배의 선박 키란다. 항해사가 뱃길을 따라 운전하는 것처럼, 우리 삶의 모든 부분도 예수님이 다스리시도록 맡겨야 해. 예수님 중심의 삶이 어떤 것인지 공부해 보자."